Verena Burgbacher/Carola Eißler

Schluss mit dem schlechten Gewissen

W0387287

HERDER spektrum
Band 5548

Das Buch

Im Büro die Projektliste und einige unerledigte Anrufe. Fürs Kindergarten-Sommerfest soll ein Kuchen gebacken werden; außerdem hat sich fürs Wochenende Übernachtungsbesuch angemeldet – man hat es wieder nicht gewagt, deutlich zu machen, dass einem fünf zusätzliche Personen einfach zu viel sind. Und was soll mit Mutter passieren? So alleine in ihrer Wohnung kann es nicht weiter gehen – aber was ist die richtige Lösung für alle Beteiligten? Und wieso scheint es immer so zu sein, dass man sich entweder ständig überfordert – oder ein ganz schlechtes Gewissen hat? Schluss damit!, so die Autorinnen. Es gibt Wege aus diesem destruktiven Denken. Sie beginnen damit, dass man berechtigte und unberechtigte, bewusste und unbewusste Schuldgefühle voneinander trennt. Die berechtigten lassen sich konstruktiv angehen durch Ent-Schuldigungen und Maßnahmen zur Wiedergutmachung. Den unberechtigten kommt man auf die Spur, indem man sich fragt: Welche Erwartungen habe ich an mich selbst? Woraus beziehe ich meinen Selbstwert? Wie selbstbestimmt kann ich leben? Sind es andere oder ich selbst, die mir ein schlechtes Gewissen machen? Wie wäre es, in Zukunft mit weniger Gewissensbissen zu leben?

Entlang exemplarischer Fallgeschichten laden die Autorinnen ein zu einer Reise in unerforschte Bereiche der eigenen Person und liefern Anregungen dazu, wie man mehr Eigenliebe entwickeln, Vergangenes besser akzeptieren, Gegenwärtiges besser loslassen und Entscheidungen bewusster treffen kann. Dann wird es möglich, sich von eigenen Zielen beflügeln zu lassen – in Balance mit den Erwartungen der Umwelt und ohne schlechtes Gewissen.

Die Autorinnen
Verena Burgbacher, Dipl.-Verw. Wiss., Ausbildung in Systemischer Therapie, NLP Master; freiberufliche Trainerin und Coach. Schwerpunkte ihrer Tätigkeit sind u.a. Berufliche Neuorientierung, Mobbing, Work-Life-Balance. Verheiratet, zwei Kinder.
Carola Eißler, M. A., freie Journalistin für verschiedene Zeitschriften und Tageszeitungen. Thematische Schwerpunkte: Psychologie, Kunst, Soziales. Verheiratet, drei Kinder.

Verena Burgbacher/Carola Eißler

Schluss mit dem schlechten Gewissen

Wege zu mehr Lebensfreude

HERDER

FREIBURG · BASEL · WIEN

Gedruckt auf umweltfreundlichem,
chlorfrei gebleichtem Papier

Originalausgabe

3. Auflage

Alle Rechte vorbehalten – Printed in Germany
© Verlag Herder Freiburg im Breisgau 2005
www.herder.de
Herstellung: fgb · freiburger graphische betriebe 2006
www.fgb.de
Umschlaggestaltung und Konzeption: R·M·E München / Roland Eschlbeck,
Liana Tuchel
Umschlagmotiv: © Photonica
ISBN-13: 978-3-451-05548-5
ISBN-10: 3-451-05548-1

Inhalt

Vorwort

„Sich selbst zu kennen ist die erste aller Wissenschaften"

Platon

„Schlechtes Gewissen? So etwas kenne ich nicht. Ich mache nur, was ich will, und was ich für richtig halte" – so könnte die Antithese zu diesem Buch lauten. Eine Einstellung, auf die man in der heutigen Zeit in Politik und Wirtschaft gar nicht so selten trifft. Ein schlechtes Gewissen zu haben, ist dieser Einstellung zufolge ein Zeichen für Schwäche, fehlendes Durchsetzungsvermögen, wenig Coolness.

Als ich das Manuskript meiner Kolleginnen Verena Burgbacher und Carola Eißler las, wurde mir deutlich, dass ihr Buch nicht nur für die Menschen geschrieben ist, die oft unter einem schlechten Gewissen leiden, sondern auch für jene, die diese Emotion für sich „abgehakt" haben, sie nicht mehr wahrnehmen. Die Autorinnen nähern sich ihrem Thema humorvoll, geradezu liebevoll und sehr praxisnah. Der oder die Lesende wird über viele Erlebnisberichte und deren gedankliche Reflexion dazu verführt, sich mit dem Phänomen des „schlechten Gewissens" auseinander zu setzen.

Carola Eißler und Verena Burgbacher schreiben als Journalistin und erfahrene Beraterin. Sie zeigen, wie man aus (alten) Erfahrungen *neue* Erkenntnisse gewinnt, wie man gewohnte Situationen neu bewerten und in ihnen schließlich auch anders empfinden kann. Ein so vertieftes Selbst-Bewusstsein unterstützt eine den persönlichen Werten angemessene Lebensführung, in der das (manchmal schlechte) Gewissen nicht mehr als Autopilot das Steuern übernimmt, sondern als Lotse dient.

Eva Neumann

Vorbemerkung

Wir werden in diesem Buch immer wieder Szenen mit Menschen schildern, die Probleme mit ihrem schlechten Gewissen haben. Jede dieser Szenen beruht auf einer authentischen Grundsituation, die von echten Menschen erlebt wurde. Wir haben diese Szenen aber immer so verändert, dass sie nicht mehr real existierenden Personen zugeordnet werden können. Alle eventuellen Ähnlichkeiten sind also rein zufällig und nicht von uns beabsichtigt.

Und noch ein Hinweis: Wir haben uns bemüht, so „geschlechtsneutral" wie möglich zu formulieren, also zum Beispiel „der/die Partner/in". Wo dies nicht der Fall ist, geschieht es nicht in diskriminierender Absicht, sondern dient der besseren Lesbarkeit.

Ein **?** am Anfang jeden Kapitels markiert die Stelle, an der erläutert wird, worum es auf den folgenden Seiten gehen soll; ein **!** am Ende jeden Kapitels liefert eine kurze Zusammenfassung.

Einleitung

„Der sicherste Weg zum Misserfolg ist der, es immer allen recht machen zu wollen."

Wann hatten Sie das letzte Mal ein schlechtes Gewissen? Gerade eben, als Sie dieses Buch aufschlugen, anstatt sich an die Steuererklärung zu machen? Oder gestern, als Sie beim Fernsehen mal eben eine ganze Tafel Ihrer Lieblingsschokolade „eingeatmet" haben? Oder als Sie vor drei Tagen Ihrer Tochter versprochen hatten: „Heute komme ich nicht so spät nach Hause und dann kann ich dir noch „Pippi Langstrumpf" vorlesen" – und ausgerechnet da wurde es besonders spät, weil Ihr Kollege krank geworden ist und Sie auch noch dessen Arbeit mitmachen mussten?

Da Sie dieses Buch in Ihren Händen halten, vermuten wir, dass Sie das Problem auch kennen: **Sie wollen es allen recht machen** – den eigenen Eltern, den Kindern, den Chefs, den Arbeitskollegen, dem Partner, der Partnerin – aber so sehr Sie sich auch anstrengen: Es gelingt nicht – oder nur sehr selten. Immer wenn die einen zufrieden sind, gibt es garantiert andere, die bei Ihnen ein schlechtes Gewissen auslösen, indem Sie sagen: „Da hätte ich aber mehr von Ihnen erwartet!" oder „Warum kommst du denn so spät, du hattest doch versprochen ..." oder „Wenn du mich wirklich lieben würdest, dann wüsstest du, dass ...".

Manchmal reicht sogar ein Blick, eine hochgezogene Augenbraue, und da ist es wieder, dieses Gefühl, das nagt und bohrt, dieses schlechte Gewissen – aus dem heraus wir oft „Ja, mach' ich!" sagen, obwohl uns eigentlich eher nach „Nein, auf gar keinen Fall!" zumute wäre! Das bewirkt, dass wir alle anderen über unsere Zeit verfügen lassen – so lange, bis für uns selbst nichts mehr davon übrig bleibt. Dass wir uns selten gut genug, aber dafür oft unendlich müde und irgendwie leer fühlen – und dann denken: „Ich will hier raus! Aber ich kann ja nicht, weil ..."

Wir möchten Sie dabei unterstützen, einen Weg zu finden, wie Sie mit weniger schlechtem Gewissen, aber dafür selbstbestimmter und authentisch leben können. Dabei soll hinterfragt werden, was Gefühle wie Wut oder Unzufriedenheit mit einem schlechten Gewissen zu tun haben können und was das schlechte Gewissen mit dem Thema „Verantwortung" – für sich und für andere – zu tun hat. Wussten Sie, dass ein schlechtes Gewissen handfeste Vorteile haben kann? Welchen Preis Sie allerdings dafür bezahlen – auch das werden Sie im Folgenden erfahren.

Vielleicht haben Sie sich am Ende dieses Buches ein bisschen besser kennen und verstehen gelernt und wissen nun, wie das mit dem schlechten Gewissen bei Ihnen abläuft: Nur wer sich selbst gut kennt, mit seinen Stärken und Schwächen und mit seinen typischen Reaktionen, kann sich und damit seine Lebensumstände verändern. Darum haben wir immer wieder Fragen an Sie eingefügt, die Sie beantworten können – oder auch nicht. (Machen Sie sich nur kein schlechtes Gewissen deswegen!) Über diese Möglichkeiten zum Sich-Kennenlernen und Sich-Verstehen liefern wir Ihnen das Handwerkszeug, das Ihnen hilft, Ihrem Gefühl des schlechten Gewissens mit einem anderen Gefühl gegenzusteuern: Ihrem Selbstwertgefühl. Wie letzteres entsteht und wie Sie es stärken können, möchten wir ebenfalls im Folgenden beschreiben.

Schluss mit dem schlechten Gewissen! Was kommt dabei für Sie heraus? Mehr Lebensfreude und Zufriedenheit – davon sind wir überzeugt.

Kapitel 1

Immer dieses schlechte Gewissen ...

„Wer nichts fürchtet, kann leicht ein Bösewicht werden, aber wer zu viel fürchtet, wird sicher ein Sklave."

Johann Gottfried Seume

? Was erwartet Sie in Kapitel 1?
Folgende Fragen sollen beantwortet werden: Was bedeutet „Gewissen"?
Wie entsteht unser schlechtes Gewissen?
Welchen Anteil haben wir selbst daran – unsere Erziehung, unsere Kultur und religiöse Prägung?
Inwieweit „schlägt" unser schlechtes Gewissen „zu", ohne dass wir uns dessen bewusst sind?
Was haben Scham und Schuld mit schlechtem Gewissen zu tun?

Wie entsteht eigentlich ein schlechtes Gewissen? Hören wir dazu Hannah, 38 Jahre:

„Heute Morgen hatte ich ein ganz schlechtes Gewissen, als mein Jüngster, Jonas, 3 Jahre alt, sich sein blau-weiß-rot kariertes Lieblingshemd von der Wäscheleine pflückte und verkündete: „Das zieh' ich jetzt in den Kindergarten an!" – „O nein, das ist noch nicht gebügelt!", wollte ich dagegen argumentieren – aber solche Argumente ziehen bei Dreijährigen absolut nicht. Also liefen wir los und ich grummelte: „Wie das aussieht – ganz zerknittert! Hannah, du hättest wirklich früher aufstehen können, dann hättest du es noch bügeln können. Oder du hättest einfach konsequent sagen müssen: „Nein, Jonas, das geht nicht, basta!" – du bist wieder viel zu nachgiebig

mit deinem Nesthäkchen." In jedem Fall lief es darauf hinaus, dass ich mich schlecht fühlte, inkompetent, als keine gute Mutter. Dass Jonas gut drauf war, weil ihm sein neues Hemd so gut gefiel, bemerkte ich allenfalls am Rande."

Dieses schlechte Gewissen: Ist es mehr ein Gefühl oder ein Gedanke? Fragen Sie sich doch einfach, ob Sie etwas **gefühlt** haben, als Sie das letzte Mal ein schlechtes Gewissen hatten! Hannah fühlte sich definitiv nicht gut – inkompetent zu sein ist einfach nicht erhebend. Aber **warum** fühlte sie sich so? Warum löst der Anblick eines schönen, aber zerknitterten Hemdes an einem süßen dreijährigen Lockenkopf auf dem Weg zum Kindergarten Schuldgefühle bei seiner Mutter aus? Zu Hause darf er doch auch so herumlaufen – „Ja, aber da merkt's ja auch keiner", denkt Hannah – aha! Es scheint etwas mit den anderen zu tun zu haben. Die anderen Kinder? Nein, für die sind tadellos gebügelte Hemden genauso wenig ein Maßstab für eine klasse Mama wie für ihren Sohn. Die Erzieherinnen – genau! Die Autoritätspersonen – der Gedanke daran, dass diese sie als inkompetent erleben könnten, löst bei Hannah ein ausgesprochen unangenehmes Gefühl aus. Wusste sie denn aber, ob die Erzieherinnen der Meinung sind, dass Kinder immer gebügelte Kleidung tragen sollten? Das nicht, aber sie ging mehr oder weniger davon aus. Ihr selber sind gebügelte Hemden gar nicht so wichtig, aber allein die Tatsache, dass sie – eventuellen – Erwartungen der Erzieherinnen nicht entsprechen könnte, reichte aus, um ihr Schuldgefühle einzuimpfen. Also:

Ein schlechtes Gewissen oder Schuldgefühle entstehen immer dann, wenn wir meinen, fremden oder eigenen Erwartungen an uns nicht gerecht werden zu können.

Im Folgenden soll das „Gewissen“ an sich etwas näher beleuchtet werden.

„Gewissen“ – was ist das für ein Begriff?

Will man „Gewissen“ als Begriff in seiner Tragweite erfassen, sein Entstehen ausmachen und eine Entwicklung nachvollziehen, fühlt man sich wie bei einem Puzzlespiel mit Teilen aus verschiedenen älteren Spielen, die sich aber nicht durch unterschiedliche Farben und Formen auseinander halten lassen.

Der „Brockhaus“ definiert „Gewissen“ wie folgt:

„... ein für den einzelnen Menschen als verbindlich betrachtetes System von Werten, das ihn in die Lage versetzt, sich relativ unabhängig von äußeren Beeinflussungen oder Maßstäben durch seine Zufriedenheit oder Missbilligung (je nach Erfüllung der eigenen Standards) selbst zu belohnen oder zu bestrafen. ... Entwicklungspsychologisch wird das Gewissen als Ergebnis von Prozessen der Verinnerlichung äußerer Werte und Einstellungen [...] angesehen, wobei die Denkentwicklung und die jeweiligen Sozialisationsbedingungen (v. a. Erziehungsziele und -stile der Eltern, Familienklima, soziale Lebensbedingungen, gesellschaftliche Normen) eine große Rolle spielen ...
(vgl. Der Brockhaus – Psychologie, 2001, S. 218, 219).

Was, glauben Sie, hat dazu geführt, dass Sie persönlich ein Gewissen haben?

Stellen Sie sich ernsthaft diese Frage, so kommen Sie unweigerlich in einen inneren Dialog über Ihre individuelle Geschichte. Mit dem Tag Ihrer Geburt werden Sie Teil eines Familiensystems, das seine ganz besondere Geschichte hat. Jede Familie hat eigene Regeln. In manchen Familien ist alles auf den Erfolg eines „Familienunternehmens“ ausgerichtet, in anderen spielt die religiöse Zugehörigkeit eine übergeordnete Rolle. In weiteren Familien gelten unterschiedliche Regeln für Söhne und Töchter, und in wieder anderen Familien scheint es überhaupt keine Regeln zu geben.

Das sind nur einige Beispiele. Doch wird deutlich, dass jeder Mensch je nach Herkunft und Zugehörigkeit ein seiner Familie eigenes Regelwerk für „gut“ und „böse“, für „richtig“ und „falsch“ vermittelt bekommt. Weil das Überleben des Einzelnen in der Entwicklungsgeschichte des Menschen eng mit der Zugehörigkeit zu einer Gruppe verbunden war, ist uns der Impuls, uns „einzuordnen“ und uns das Regelwerk einer Gruppe anzueignen, gleichsam angeboren. Verletzen wir die Regeln, fühlen wir uns schuldig – ganz ohne Fingerzeig von außen.

Inga, 44 Jahre, verheiratet, zwei Kinder, Geologin, wuchs als zweitälteste Tochter einer katholischen Familie mit sechs Kindern auf. Luxus war für sie ein Fremdwort, genauso wie die Möglichkeit, mit eigenem Geld selbstbestimmt umzugehen. Mit sieben Jahren lernte sie durch Mitschülerinnen die Möglichkeit kennen, im Laden gegenüber der Grundschule Süßigkeiten zu kaufen. Da Inga kein Taschengeld bekam, sah sie ihre einzige Chance darin, die Geldbörse ihrer Mutter anzuzapfen – heimlich, versteht sich. Gesagt, getan. Um fünf Mark reicher und einem gewissen Siegesgefühl lag sie abends in ihrem Bett – nur das Einschlafen klappte nicht wie sonst. Etwas Mahnendes schlich sich in ihr Empfinden und ließ sich nicht ignorieren. Ingas Gewissen meldete sich nachdrücklich. Es gab kein Entrinnen, also stand sie auf und gestand ihrer Mutter die Untat, war wieder reinen Gewissens und konnte endlich einschlafen.

Gewissen ist kontextabhängig und hat jeweils eine „Geschichte"

Eine Gesellschaft besteht aus vielen kleinen Untereinheiten, jede dieser Untereinheiten hat ihr eigenes Wertebarometer. Wir kennen unsere Werte sehr genau und sind oft so sehr an sie gewöhnt, dass wir häufig davon ausgehen, unsere Nachbarn, Freunde oder Verwandte müssten exakt dieselben Werthaltungen vertreten. Stellen wir Unterschiede fest, sind wir zunächst verwundert, manchmal irritiert und suchen Argumente, um die eigenen Werte zu verteidigen. Wir handeln nach unseren Regeln, orientieren uns an den übergeordneten „erlernten" Gesetzen der Gesellschaft, haben aber unbewusst die Werte „unserer" Kleingruppe verinnerlicht.

1. Was, würden Sie spontan sagen, waren die drei wichtigsten Grundwerte Ihrer Herkunftsfamilie? (Arbeit, Kirche, Geld, Sicherheit, Zusammenhalt, Harmonie, Erfolg …)
2. Unterscheiden sich diese von den Werten Ihrer Großeltern?
   (Bescheidenheit, Tugendhaftigkeit, Ehrgeiz, „den Himmel auf Erden verdienen", Religiosität, Gemeinsinn, Arbeitsamkeit …)
3. Welche drei wichtigsten Grundwerte würden Sie für sich selbst benennen?
4. Erkennen Sie Unterschiede oder Gemeinsamkeiten? Würden Sie von einer „Entwicklung" sprechen?

Lassen Sie diese Fragen in Ruhe auf sich wirken, halten Sie kurz inne und wagen Sie einen Blick zurück. Sie haben die Möglichkeit, ganz konkret zu erfahren, dass Gewissen im eigentlichen Sinne eine höchst individuelle Angelegenheit ist, einem stetigen Veränderungsprozess unterliegt und sich allein aus dem inneren Empfinden nicht nach „besser“ oder „schlechter“ klassifizieren lässt. Das wird erst dadurch möglich, dass man äußere Maßstäbe anlegt.

Gewissen, Kultur und Religion

Unsere Kultur ist seit vielen Jahrhunderten geprägt von der christlichen Ethik. Ganz gleich, ob Sie aktiv Ihren christlichen Glauben leben oder nicht, wurden Sie doch in diese Kultur hineingeboren.

Theologisch betrachtet hat „Gewissen“ immer etwas mit der Vorstellung von „Gott“ zu tun.

Renate, 48 Jahre, Hausfrau:

„Ich würde sagen, dass ich mit ca. fünf Jahren Gott als Teil meiner familiären Wirklichkeit wahrgenommen habe. Es war ein übermächtiger Gott, der alles, was kleine Mädchen so machen, genau überwachen und mit seinem unendlichen „Überblick“ alles sehen konnte. Gott war für mich in meinen prägenden Kindheits- und Jugendjahren der absolute Herrscher über Himmel und Erde. Die Menschen sind auf die Gnade und Vergebung Gottes angewiesen. Wir sind alle Gott verpflichtet und stehen mit jeder unserer Handlungen in der Gefahr, die göttliche Ordnung zu verletzen und dadurch eben kein erfülltes, „wertvolles“ Leben mit einer Option auf einen Platz im Himmel leben zu können. Das Gottesbild meiner Kinderjahre war autoritär. Heute, 30 Jahre später, frage ich mich konkret, welche Auswirkungen dieses Gottesbild auf meine eigene Entwicklung hatte und noch hat. Mit Sicherheit habe ich längere Zeit gebraucht, um mich von diesem autoritären Gottesbild zu distanzieren, ein eigenes, humaneres Gottesbild zu entwickeln und diesem innerhalb meines Alltags ohne schlechtes Gewissen Raum zu lassen. Dies gelingt mir immer besser.“

Wurden Sie in einer bestimmten religiösen Tradition erzogen? Wie hat sich Ihre Religionszugehörigkeit auf Ihre Gewissensbildung ausgewirkt?
Wie frei sind Sie heute, selbstbestimmt zu leben?
Welche alten Muster betrachten Sie heute als wenig hilfreich für Ihre jetzige und zukünftige Lebensbewältigung?
Welche Werte, Regeln, Rituale sind Ihnen wichtig, welche wollen Sie als hilfreich behalten und pflegen?
Geben Sie Religion an Ihre Kinder weiter? Wie bewusst tun Sie das? Denken Sie dabei an mögliche spätere Auswirkungen?
Wie gehen Sie mit „Autorität" um?

Wenn Sie das Gefühl haben, dass bestimmte Regeln und Haltungen Ihr Leben behindern und Ihre Intuition blockieren; wenn Sie Ihr Gewissen als zu rigide empfinden, können Sie versuchen, mit ihm in einen **inneren Dialog** zu kommen:
„Hallo, mein **Gefühl** eines schlechten Gewissens! Ich erkenne dich als solches und weiß, woher du kommst – nämlich aus meinem vor langer Zeit etablierten Unterbewusstsein. Du kommst aus einer anderen Epoche meines Lebens und bist mir jetzt nicht hilfreich. Ich möchte, dass du mich in Zukunft in Ruhe lässt. Stattdessen will ich meinen **Verstand** nutzen, um neue Lösungen ohne dich schlechtes Gewissen zu finden."

Es steht Ihnen frei, eigene innere Dialoge zu formulieren – auch schriftlich. Wenn Sie Ihr Gefühl des schlechten Gewissens bewusst wahrnehmen, können Sie Ihre eigene innere Sprache zu Hilfe nehmen und selbst bestimmen, wen Sie zu Ihrem aktuellen **„inneren Chef"** ernennen.

Ein autoritäres Gottesbild verlangt blindes Vertrauen und unbedingten Gehorsam. Ein humanistisches Gottesbild (im Sinne Erich Fromms) setzt hingegen voraus, dass der Mensch die Kraft seiner Vernunft entwickelt. Gott wird als Beziehungspartner verstanden, der von mir als Mensch erwartet, dass ich mich bemühe, mir selbst und anderen gegenüber ein verantwortliches Verhalten zu zeigen (vgl. Fromm 1990, Seite 39ff. und 70ff.). Die Grundhaltung eines humanistischen Gottesbildes ist die Freude darüber, dass der Mensch unabhängig und frei ist.

Religion soll Ressource sein

Der Mensch trägt Zweck und Ziel in sich selbst und soll nicht zum Mittel für Zwecke anderer werden. Er ist frei in allen Facetten seiner Lebensgestaltung – immer im Rahmen der Nächstenliebe und der sich aus ihr ergebenden Grenzen: Die Freiheit des Einzelnen endet da, wo die Persönlichkeitsrechte eines anderen Menschen anfangen. Religion oder Glaube soll uns befähigen, ein freies, liebevolles und selbstbestimmtes Leben als integriertes Mitglied unserer Gesellschaft zu leben. So verstanden bewirkt Religion als Ressource eine freie, gesunde und soziale Lebensführung ohne dauerndes schlechtes Gewissen und fremdbestimmte Selbstbeschränkungen.

! Inzwischen wissen Sie: Gewissensbildung ist abhängig von unseren familiären, religiösen und kulturellen Kontextbedingungen. In vielen Fällen verfehlen die Formen der Regelbildung und Regeleinhaltung ihr Ziel, menschliches Leben in Gemeinschaft zu ordnen und zu sichern. Es wird über das eigentliche Ziel der Verinnerlichung gesellschaftlicher Normen weit hinaus geschossen. Gewissen kann dann für Menschen lebensfeindlich und lebensbehindernd wirken.

Was wird wie zu einem Teil unseres Gewissens?

Nehmen wir einmal an, Sie hätten etwas gestohlen. Wann, würden Sie selbst sagen, empfinden Sie ein schlechtes Gewissen? Stellt es sich bereits angesichts der Tatsache ein, dass Sie wissen, Stehlen ist nicht erlaubt? Oder bekommen Sie ein schlechtes Gewissen nur dann, wenn Sie erwischt worden sind, quasi durch die peinliche Situation, in der Sie sich befinden? Oder ist es auch das nicht und Sie spüren Ihr Gewissen am deutlichsten, je enger die Beziehung zum Bestohlenen (und je heftiger ggf. seine oder ihre Reaktion) ist?

Schlechtes Gewissen braucht, um sich beim Menschen entwickeln zu können, eine **Lernerfahrung,** die mit einem **negativen Gefühl** verbunden ist und auf einer der Person wichtigen **Beziehung** beruht.

Ein Beispiel: Felix (8 Jahre) klaut seiner Mutter Geld und wird von ihr erwischt:

Lernerfahrung:	Klauen ist verboten!
Negatives Gefühl:	„Mama ist sehr enttäuscht von mir. Ich bin schlecht und böse.“
Beziehung:	Die Mutter ist verärgert; das Kind fürchtet, von ihr abgelehnt zu werden.

Es macht nun – um im Beispiel zu bleiben – einen großen Unterschied, ob Felix' Mutter zu ihm sagt: „Du hast gestohlen, du bist ein böses Kind!" oder „Du hast gestohlen – das war nicht richtig von dir." Im ersten Fall wird Felix als Person abgewertet; im zweiten Fall wird lediglich sein Verhalten gewertet, die Integrität seiner Person bleibt unangetastet.

Das Beispiel kann stellvertretend stehen für viele ähnliche Situationen, in denen wir von anderen kritisiert werden: Auch als Erwachsene werden wir vielfach leider nicht ausdrücklich für unser Verhalten kritisiert, sondern als Person abgewertet. Verbale Abwertung verletzt unser innerstes Bedürfnis nach Anerkennung und Zugehörigkeit. Im Beisein anderer kritisiert zu werden, potenziert die Wirkung der Abwertung bis hin zur **Scham**. Ich bin als Betroffene/r in der Wahrung meiner Identität, also meines Wertes, vor meinen nächsten Freunden und Bezugspersonen und mir selbst gefährdet.

Gewissensbildung erfolgt also in Abhängigkeit von den Vorstellungen anderer über „richtig" und „falsch". Gewissen bildet sich gleichermaßen durch kognitive Erfahrungen wie durch (parallel erfolgende) Gefühlserfahrungen.

Schlechtes Gewissen – Scham und/oder Schuld

Bevor wir tiefer in die Praxis einsteigen, lohnt es sich, einen genaueren Blick auf die Gefühle zu werfen, die mit einem schlechten Gewissen verknüpft sind: Schlechtes Gewissen geht einher mit Scham oder Schuld.

Scham und Schuld sabotieren unser Gefühl der Selbstachtung (vgl. Nichols 1994, S. 32ff.). Erst wenn wir uns ihnen bewusst zuwenden, uns ihnen stellen, gewinnen wir Entscheidungsfreiheit zurück – und damit auch die Möglichkeit, unser Verhalten zu ändern.

Scham – eine unangenehme Emotion!

Damit wir uns beschämt fühlen, braucht es eine auslösende äußere Situation. Wir erleben im Laufe der Jahre unzählige Situationen, die immer auch die Gefahr einer Beschämung bergen.

Helga, 29 Jahre, Grundschullehrerin, berichtete uns:

„Ich kann mich sehr gut an eine Szene aus meiner eigenen Schulzeit am städtischen Gymnasium erinnern. Es war in der 7. Klasse. Als ich mich im Unterricht mutig gemeldet hatte, um einen Beitrag zur Geschichte meines Dorfs zum Besten zu geben, begann eine Gruppe von Mädchen laut zu lachen. Sie spotteten über meine Dreistigkeit, als „Landei" hier tatsächlich etwas vom Dorfleben berichten zu wollen. Ich war so perplex darüber, dass ich mein Vorhaben „beschämt" zurückzog, auch weil ich von keiner Seite Unterstützung erhielt. Daraufhin vermied ich zunehmend „Öffentlichkeit" in der Schule, was meiner Lust an Leistung und Beteiligung nicht förderlich war. Erst als ich dann an der Universität ankam, sah ich neue Chancen, mich auszuprobieren und wieder Öffentlichkeit zu wagen. Hier war ich frei und anonym. Ich konnte mir selbst eine zweite Chance geben. Mit Erstaunen stellte ich bei mir selbst eine ungeahnte Freude an Teamarbeit, am Recherchieren und Referieren fest. Bis heute suche und pflege ich diese Art der „Arbeit".

Wie definiert der Brockhaus Scham?

„Scham: unangenehme Emotion, die damit verknüpft ist, dass entweder ein inneres Idealbild von der eigenen Person nicht erfüllt werden konnte oder die Ehrbarkeit der eigenen sozialen Rolle angetastet wird … Unbewusst gewordene Scham bestimmt häufig den Hintergrund sozialer Ängste. … Scham ist ein mächtiges Gefühl und kann zerstörerische Wirkung entfal-

ten. Menschen, die eine schambesetzte Tatsache um jeden Preis verschweigen wollen, tun häufig Dinge, die von Außenstehenden kaum nachvollziehbar sind."
(vgl. Der Brockhaus – Psychologie, 2001, S. 511)

Werden wir in einer bestimmten Situation beschämt, dann machen wir häufig einen großen Fehler: Wir schämen uns der Tatsache, wer wir sind und übersehen, dass es für diese Scham eine konkrete, auslösende Situation gab. Wir entwickeln die Idee „Ich bin nicht okay", anstatt die konkrete Situation im Blick zu behalten und uns zu sagen: „Das war eine wirklich dumme Situation, in die ich da geraten bin!"

Wie halten Sie es persönlich mit beschämenden Erlebnissen? Gehören Sie auch zu denjenigen, die sich selbst an erster Stelle abwerten? Nehmen auch Sie eine beschämende Situation als Bestätigung ihrer Unzulänglichkeit in ihr privates Gefühlsportfolio auf?

Tipp:
Lassen Sie das! Nicht Sie sind das Problem, sondern die Situation war schwierig. Trennen Sie Person und Situation. Betrachten Sie das Erlebnis noch einmal genau im Hinblick auf folgende Fragen:

Wer war beteiligt?
Wie hätte ich mich verhalten, wenn ich die Situation vorausgesehen hätte?
Was und wer hat mich beschämt?
Welche Verhaltensalternativen hatte ich in der Situation?
Kenne ich bereits ähnliche Situationen? Woher?
Ist ein Muster im Ablauf der Handlung und meiner persönlichen Gefühlsentscheidung erkennbar? Wenn ja:

Welche alternativen Gefühle kämen für mich auch noch in die engere Wahl?

Kinder reagieren auf beschämende Erlebnisse häufig, indem sie ihr Gesicht verbergen oder weglaufen und sich verstecken. Auch als Erwachsene würden wir uns in vergleichbaren Situationen am liebsten in Luft auflösen. Wir ziehen uns zurück, um weiteren Demütigungen vorzubeugen. Wir gehen auf Distanz, um unsere innere Gelassenheit zurückzugewinnen. Erwachsene sind, was Möglichkeiten des inneren Rückzugs angeht, außerordentlich einfallsreich. Wir müssen uns nicht körperlich verbergen wie Kinder. Schauen wir uns Bettinas Beispiel an:

Bettina, 38 Jahre alt, zwei Töchter, ist verheiratet mit Bernd, einem Abteilungsleiter in der öffentlichen Verwaltung. Wenn die Töchter keine Kontakte nach außen knüpfen würden, hätten Bettina und Bernd keine Ambitionen, Beziehungen zu anderen Erwachsenen zu suchen und zu pflegen. „Wir leben zurückgezogen, mit den Nachbarn reden wir schon – aber eben nur aus Höflichkeit!" Bettinas Intelligenzquotient gilt als überdurchschnittlich hoch. Sie war bis zur zehnten Klasse immer Klassenbeste. Danach fiel sie in ihren schulischen Leistungen zurück. Nach einem durchschnittlich absolvierten Abitur hat sich Bettina für den Beruf der Erzieherin entschieden: „Weil ich da nie laute männliche Chefs haben werde und die Prüfungen sicher machbar sind. Wenn ich Mutter bin, kann ich ohne Probleme aussetzen und immer mal wieder einige Stunden arbeiten, wenn ich Lust dazu habe." Nach dem Bau eines eigenen Hauses erhoffte sich Bernd durch Bettinas beruflichen Wiedereinstieg etwas finanzielle Entlastung. Bettina klagt über chronische Schlafstörungen und ist mit ihrem Leben nicht zufrieden, sagt aber trotzdem, dass sie sich inzwischen arrangiert habe.

Bettina hat sich nach einigen Wochen Bedenkzeit und Bernds zähem Nachhaken dafür entschieden, gegen anfänglichen Widerstand nun doch eine berufliche Beratung für sich in Anspruch zu nehmen. Im Beratungsgespräch zeigt sich, dass Bettina hin und her gerissen ist, zwischen ihrem Wunsch, „mal wieder rauszukommen", und der Angst, bei der Arbeit von KollegInnen ausgelacht und beschämt zu werden. Im Verlauf mehrerer Gespräche stellte sich heraus, dass Bettina in ihrer Kindheit vor allem von ihrem Vater und ihren älteren Brüdern wiederholt bloßgestellt wurde. Ihre Mutter schwieg meistens. Bettina fand im engsten Kreis ihrer Familie keine Vertrauensperson, bei der sie Schutz und Zuwendung erwarten konnte. Daraufhin entschied sie sich dafür, sich „unsichtbar" zu verhalten und vor allen Dingen Männern aus dem Weg zu gehen.

Bettina erkannte von da ab die Auswirkungen ihrer unbewussten Entscheidung. Mit Hilfe ihrer **Strategie der Vermeidung** hat sie erfolgreich die Gefahr weiterer Demütigungen eingedämmt. Ihr wurde schmerzlich bewusst, welchen **Preis sie dafür bezahlt** hat. Sie hat ihr ursprüngliches Lebensziel, Tierärztin zu werden, einem Leben im Rückzug geopfert. Dazu wollte sie sich nun bewusst Alternativen erarbeiten. Bettina absolvierte ein längeres Praktikum im städtischen Tierheim, bekam dort einen festen Halbtagsjob und besuchte einige weiterbildende Kurse. Die Schlafstörungen, über die sie klagte, haben sich verringert; sie übt sich darin, gemeinsam mit Bernd einen neuen Freundeskreis aufzubauen.

Sich aus Scham schlecht zu fühlen, ist ein dem Menschen wesentlich weniger bewusstes Verhalten als das Unwohlsein aus einem Gefühl der Schuld heraus. Scham ist verknüpft mit Situationen, in denen wir uns schwach, ohnmächtig und gedemütigt fühlen. Solche Erfahrungen verletzen unseren Selbstwert so tief, dass wir Erlebtes schnell zu verdrängen versuchen. Wir sichern uns selbst, indem wir Erlebtes ins Unterbewusstsein verlagern.

Schuld – die bewusstere Emotion

Im Vergleich zu Scham ist Schuld leichter bewusst zu handhaben. Bei Schuld sind wir „Täter"; wir haben aktiv etwas getan, das uns in die Lage versetzt, ein schlechtes Gewissen zu haben. Wir haben uns falsch verhalten und wissen das auch. Bei Scham sind wir „Opfer", wir sind betroffen vom demütigenden Verhalten anderer.

Wie definiert der Brockhaus Schuld?

„Schuld: Verantwortung für die Verletzung eines rechtlichen, moralischen oder religiösen Gebotes. Die Schuld kann durch eine Tat, eine vorsätzliche oder fahrlässige Unterlassung oder einen Vorsatz zu einer Tat oder Unterlassung entstehen. Beurteilungsinstanzen der Schuld sind das eigene Gewissen, die Verpflichtung gegenüber der Gruppe, in der man lebt, das kodifizierte Strafrecht und Gott (oder ein anderes höheres Wesen oder eine Idee, an die man glaubt). Mit der Anerkennung einer Schuld ist der Gedanke einer möglichen Wiedergutmachung, Sühne, Reue oder durch ein Verzeihen des Geschädigten verbunden."

„Schuldgefühl: subjektive, bewusste oder unbewusste Überzeugung, einer Person Unrecht getan oder gegen ein Gesetz oder Gebot verstoßen zu haben. Die Möglichkeit, Schuldgefühle zu empfinden, gehört zur Reifung sozialer Fähigkeiten" (vgl. Der Brockhaus – Psychologie, 2001, S. 528).

Es gibt Situationen, in denen die Unterscheidung von Scham und Schuld nicht leicht fällt:

Robert, 29 Jahre, Sozialpädagogikstudent, arbeitet im Beisein seines zweijährigen Sohnes Tim an seiner Diplomarbeit. Er ist gestresst und überarbeitet. Der Abgabetermin rückt bedrohlich näher. Tim steckt dagegen im typischen Forscher- und Entdeckeralter und findet alles, was mit Kabeln, Knöpfen und Schaltern zu tun hat, unglaublich anziehend. Robert konzentriert sich auf ein neues Kapitel und ist erleichtert, dass von Tim nicht viel zu hören ist – bis plötzlich die Bildschirmanzeige verschwindet, der Computer den Geist aufgibt: Tim hat den rot leuchtenden Steckdosenschalter am Boden entdeckt und den Strom abgeschaltet. Robert verliert die Fassung und schreit Tim laut an. Er packt ihn und verbannt ihn in sein Bettchen. Tim schreit vor Schrecken und hat Angst.

Nach einer Weile besinnt sich Robert und fühlt sich schuldig, seinen kleinen Sohn so angeschrien zu haben. Ihm ist „eine Sicherung durchgebrannt". Die Ursachen sind ihm bewusst. Er geht zu Tim ins Zimmer und versucht ihn zu beruhigen. In kindgerechter Sprache erklärt er seinem Sohn sein „Explodieren" und entschuldigt sich dafür. Tim beruhigt sich zusehends. Beide beschließen einen gemeinsamen Ausflug in den nahe gelegenen Park. Robert fühlt sich aber nicht nur schuldig, er schämt sich auch: Er hat sich gehen lassen, ist nicht der souveräne moderne Vater, der locker ein Kind betreut und ganz nebenbei seine Diplomarbeit managt.

Wie lässt sich Scham von Schuld trennen? Nichols gibt einen guten Hinweis darauf, wie wir besser wahrnehmen können, wann Schuld und wann Scham vorliegt: „Wenn Sie etwas getan haben, das entweder Scham oder Schuld hervorruft, können Sie versuchen herauszufinden, welches Gefühl vorherrscht, indem Sie sich fragen, weswegen Sie sich schlechter fühlen: Weil Sie die Rechte eines anderen verletzt haben oder weil Sie sich haben gehen lassen? Und welche Konsequenz fürchten Sie am meisten: Bestrafung oder Zurückweisung?" (Nichols 1994, S. 43).

Wie wirkt „Gewissen"?

Schlechtes Gewissen stört den gesunden Ausgleich von Bedürfnissen und Rechten einerseits und Pflichten andererseits. Wir tun Dinge, die wir eigentlich nicht tun möchten ... und wahrscheinlich auch nicht getan hätten, wenn wir sie im Gespräch mit anderen offen aufs Tapet gebracht hätten.

Wer sich der Technik des **„Ein schlechtes Gewissen machen"** sehr gut bedienen kann, erhält mehr von anderen, ohne dafür Ausgleich leisten zu müssen. Wer sich der Technik des **„Ich lass' mir leicht ein schlechtes Gewissen machen"** bedient, nimmt seine Pflicht zur Übernahme von Eigenverantwortung nicht wahr. Er belastet sich übermäßig. Pflichterfüllung ist manchmal einfacher als sich unbeliebt zu machen, als konstruktiv zu verhandeln. Wer ständig etwas nur „um des lieben Friedens willen" tut, erspart sich unbewusst, eigene Entscheidungen zu treffen und geht den Weg des geringsten Widerstands. Darüber hinaus hoffen viele Menschen auf irgendeine Art von „Belohnung", wenn sie die Erwartungen anderer erfüllen (leider bleibt es vielfach bei dieser Hoffnung, die „Belohnung" tritt nicht ein). Wenn dann noch in der eigenen Kindheit selbstverantwortliches Ja- und Nein-Sagen tabu war, ist der Ausstieg aus der Spirale des Ausgenutzt-Werdens nicht leicht. Die Feststellung „So kann es nicht weitergehen, ich funktioniere prächtig und bekomme dafür nicht das zurück, was ich mir erwarte" kann der erste Schritt hin zu einem veränderten Verhalten sein.

Maria, 31 Jahre, ist in einer Gastwirtsfamilie aufgewachsen. Sie musste neben der Schule viel im Familienbetrieb mithelfen. Das Motto ihrer Eltern war: „Der Gast ist König!" Wie ernst es den Eltern mit dieser Einstellung war, wusste Maria ganz genau einzuschätzen. „Ich wusste, wenn ein Gast in unserer Wirtschaft anwesend war, dann gab es für mich überhaupt keine Möglichkeit, meine eigenen Bedürfnisse gegenüber meinen Eltern zu äußern, das war tabu!" und: „Ich hätte das auch nie versucht." Heute lebt Maria mit ihrem Mann sehr zurückgezogen. Sie würde das gerne ändern, gerät aber bei jeder neuen Kontaktaufnahme selbst in einen enormen Zugzwang, was Gastfreundschaft betrifft. Das wiederum macht ihr große Angst, sie überfordert sich bei Einladungen jedes Mal aufs Neue, schuftet beispielsweise den ganzen Tag, um alles perfekt herzurichten. Wenn die Gäste dann da sind, fühlt sie sich unwohl, stellt sich selbst als bedürfnislos in den Hintergrund und betätigt sich ausschließlich als Bedienung. Danach fühlt sie sich ausgelaugt, ist wütend … und glaubt einmal mehr erfahren zu haben: Beziehungen zu anderen Menschen zu pflegen ist anstrengend, bedeutet emotionalen Stress und lohnt sich eigentlich nicht. Das Problem sieht Maria nicht bei sich selbst, sondern bei den anderen: „Die sind alle so anspruchsvoll!"

Wären wir Marias Gäste, würden wir königlich bedient werden, wir würden ihre Fähigkeiten als Gastgeberin loben, uns aber insgeheim wünschen, dass sie die ganze Sache einfach weniger opulent und etwas gelassener anginge. Wir würden uns vor einer Gegeneinladung sehr wahrscheinlich drücken – die Vorlage war einfach zu perfekt. Was ist mit Maria los? Sie steht immer noch – unbewusst – unter dem Bann ihrer Herkunftsfamilie: Der Gast ist um jeden Preis König. Nur ist es leider so, dass wir als Marias Gäste uns auf einen abwechslungsreichen Abend mit einer neuen Freundin gefreut haben. Kennen lernen werden wir eine Maria, die gestresst und angespannt wirkt, sich angestrengt bemüht, Haltung und Aufmerksamkeit zu zeigen und ihre eigenen Bedürfnisse in die Abstellkammer gesperrt hat. Wir sind unsererseits enttäuscht.

Wir sorgen uns viel darüber, warum wir nicht so erfolgreich, nicht so selbstsicher, nicht so glücklich und souverän wie andere wirken. Mit der Zeit resignieren wir und beginnen unser Gefühl, „befangen“ zu sein, als eine typische Eigenart anzunehmen. Viel aussichtsreicher wäre, sich mit den Ursachen für unsere Gefühle auseinander zu setzen.

! Inzwischen wissen Sie, dass ein schlechtes Gewissen immer dann entsteht, wenn wir den an uns gerichteten Erwartungen nicht gerecht geworden sind. Um uns von einem übermächtig gewordenen schlechten Gewissen befreien zu können, müssen wir uns damit auseinander setzen, welche Regeln und Normen unbewusst in uns wirken.

Kapitel 2

Haben Frauen ein anderes schlechtes Gewissen als Männer?

? Was erwartet Sie in Kapitel 2?
Wir werden der Frage nachgehen, was Frauen eigentlich daran hindert, persönliche Ziele zu erreichen. Sind es die Fremdbestimmung durch die Familie, die Arbeitgeber, die Lebensbedingungen ganz allgemein – oder könnte es sein, dass frau sich manchmal selbst im Weg steht und, sobald es um mehr Freiheiten für sie geht, ihr schlechtes Gewissen „auspackt“? „Männer haben eher selten ein Problem mit ihrem schlechten Gewissen.“ Ist das wirklich wahr? Das wollen wir herausfinden!

Frauen und schlechtes Gewissen

In unserem Alltag beruflicher Beratung von Frauen in allen möglichen Lebenssituationen und Lebensaltern werden wir überraschend oft konfrontiert mit überaus kompetenten und patenten Frauen, die sich aber in unterschiedlicher Weise selbst im Weg stehen. Es waren sehr oft nicht die schlechten Kontextbedingungen oder eine fehlende Unterstützung im Familienkreis, die die Frauen daran hinderten, ihre eigenen Ziele zu formulieren – beruflich und privat. Etwas anderes, wesentlich Problematischeres, war im Spiel. Diese Frauen „konnten“ ihren eigenen Weg nicht gehen. Sie standen für uns sichtbar, aber für sie selbst nicht wahrnehmbar, in einer Art „Bann“. Es war eine Mischung aus Verpflichtung, Verantwortung, Tabus und Angst vor den Folgen von Veränderungen.

Zu Beginn der Beratungsprozesse waren z. B. die folgenden Fragen für sehr viele Frauen irritierend, und für manche sogar „verboten“:

Wie viel an selbstbestimmtem Lebenssinn erlaube ich mir?
Was darf ich mir selbst zugestehen an Herausforderung, an Leidenschaft, an Eigenständigkeit, wenn ich nicht mehr alleine, sondern die Frau von X. oder die Mutter von Y. bin?
Welche Tageszeit gehört mir alleine?
Was kann, darf und will ich meinem Partner und meinen Kindern zumuten?
Wer sorgt sich – wenn nicht ich selbst – um meine Ziele?

Wir fragen uns dann jedes Mal, wann genau unsere Klientinnen angefangen haben, mit der Bedeutung, die sie sich selbst zugestehen, ins Minus zu geraten. Liegt es am Rollenzuwachs als Partnerin, als Ehefrau oder Mutter? Oder an den in langen, prägenden Jahren als „Tochter“ unbewusst übernommenen Regeln, an die sich eine gute Partnerin, Ehefrau und Mutter zu halten hat? Lernen wir wirklich so gut „am Modell“?

Viele Frauen haben nach wie vor die Idee, dass sie nur dann Veränderungen bei sich selbst planen und umsetzen dürfen, wenn keiner ihrer Familienangehörigen irgendwelche Auswirkungen zu spüren bekommt. In gewisser Weise verhalten sich die Frauen insofern sinnvoll, als sie dabei erfolgreich vermeiden, später Grund für ein schlechtes Gewissen haben zu müssen.

Veränderungen also scheinen nur möglich, wenn sich

dadurch keine oder nur ganz geringe Auswirkungen für andere ergeben. Da die betreffenden Frauen aber Expertinnen im Vorhersehen sind, haben sie im Fokus ihrer Gedanken (und das ist das zweite Problem) immer erst die möglichen negativen Veränderungen, Nachteile und Auswirkungen, für die sie sich dann bei deren Eintreffen selbst die „Schuld" geben würden. Oder sie wissen, dass man ihnen die Schuld für ein Scheitern der Kinder, der Ehe oder der beruflichen Entwicklung des Mannes zuweisen würde – und diese Schuld gedenken sie anzunehmen.

Die gesellschaftliche Seite

An diesem Punkt kommt die gesellschaftliche Seite ins Spiel. Fragen wir unsere Klientinnen: „Wie gestaltet sich Ihr Familienalltag?", äußern viele Frauen, dass sie gleichberechtigt seien und sich mit Mann und Kindern die Belastungen des Alltags teilten. Wenn wir dann die Realität genauer abklopfen, finden wir traditionelle Muster der Arbeitsteilung von Geld und Verantwortung auf männlicher Seite und finanzieller Abhängigkeit, Zuständigkeit für Pflege, Hygiene und Erziehung der Kinder und unbezahlte Dienstleistung auf weiblicher Seite – trotz jahrzehntelanger Arbeit für Gleichberechtigung und partnerschaftliches Miteinander von Mann und Frau. Die Lebensläufe von Müttern scheinen vielfach nicht mehr attraktiv genug für den Arbeitsmarkt zu sein. Soziale Absicherung von Frauen leidet in Zeiten von Familienphasen.

Hat eine Frau erst einmal den Auftrag der Gesellschaft angenommen, sich in erster Linie verantwortlich für das Glück und Gedeihen ihrer Kinder, ihrer Paarbeziehung und ihrer Familie zu fühlen, dann ist sie auch an erster Stelle Empfängerin von Beschwerden, wenn Schwierigkeiten, Konflikte und Probleme auftauchen. Will sie sich also nicht „verschulden", lautet ihr oberster Auftrag: Erst kommen die anderen und dann ich.

Auch vor diesem Hintergrund ist also die geringe Bereitschaft zur Veränderung zu sehen. Die „Nichtveränderung" erfolgt natürlich zum Preis zunehmender Unzufriedenheit, unterdrückter innerer Wut und daraus folgender Resignation.

Ihr Verhalten macht für die Frauen Sinn, ist ihnen aber nicht bewusst. Sie stecken in dem Dilemma, sich auf unbekanntes Terrain zu begeben und dabei das bekannte, sichere, aber leider hinderliche Gelände zu verlassen ... ohne genau zu wissen, was sie erwartet.

Viele Frauen erhoffen sich unbewusst, durch die Erfüllung des gesellschaftlichen Auftrags zur Familienarbeit Wertschätzung, Anerkennung und Bestätigung zu erhalten. Als Lohn der Mühe winkt das Gefühl, dazuzugehören und akzeptiert zu sein – auch wenn das oft schwierig wird und sie ins Zweifeln über den Sinn ihres Handelns geraten.

Wenn es gelingt, die Frauen dabei zu unterstützen, sich ihr eigenes Verhalten bewusst zu machen und ihnen Gelegenheit zu geben, sich den Sinn ihrer persönlichen Verhaltensmuster anzuschauen und diese zu hinterfragen, spüren sie mit der Zeit, dass sie im Alltag nicht zwangsläufig immer in den gleichen Mustern zu agieren brauchen, dass sie sehr wohl Wahlmöglichkeiten haben und diese auszuprobieren eine spannende Angelegenheit werden könnte. Und dass es eben nicht bedrohlich wird, wenn frau anfängt, besser für sich selbst zu sorgen. **„Fühlt die Mama sich wohl, geht's auch den Kindern gut" – und nicht umgekehrt...**

Männer und schlechtes Gewissen

Verhalten sich Männer im Umgang mit schlechtem Gewissen anders als Frauen? Wir sind dieser Frage nachgegangen. Was wir aus unseren Beobachtungen zusammenfassend festhalten können, ist, dass auch Männer in ihrem Definiertsein ihrer Rolle als Partner, Ernährer und Familienvorstand von außen fremdbestimmt werden. Sie sind insofern möglicherweise noch subtiler als Frauen gehalten, sich ohne viel Aufhebens einzufinden in Wege der schulischen und beruflichen Entwicklung, die geeignet scheinen, die Existenz von zwei und mehr Personen abzusichern. Anders als Frauen können Männer sich nicht darauf berufen, dass es nun an der Zeit für gleiche Rechte ist. Dafür haben sie einen sicheren Rückgriff auf die Strategie, Macht, Verantwortung, Besitz und Geld untereinander zu teilen und sich innergeschlechtlich für berufliche Positionen zu rekrutieren. Männer kennen sich gut aus in der Kunst, Netzwerke zu pflegen. Dadurch sichern sie „ihre" Domänen weiterhin gegen Frauen ab. Wer als Mann allerdings andere Lebenspläne und Lebensideen verwirklichen möchte als die der Machterreichung und -ausübung, riskiert Ausgrenzung. Ausgenommen sind einige wenige „Exoten" wie z.B. Künstler und Musiker.

Männer haben vielfach wesentlich konkretere und unbedingtere Lebensentwürfe als Frauen. Schlechtes Gewissen wirkt bei Männern vielleicht noch erfolgreicher als bei Frauen, weil sie den „Blick nach innen" und den Umgang mit seelischen Vorgängen weniger gut beherrschen als Frauen. Sie sind insofern stärker der Gefahr einer Fremdbestimmtheit durch äußere Erwartungen ausgesetzt – umso mehr, als es als „unmännlich" gilt, sich über Gefühle und Schwierigkeiten mit anderen auszutauschen. Darüber hinaus fehlen Männern – anders als Frauen – Vorbilder, die alternative Lebensmodelle bewusst ausprobieren und sich dabei als „erfolgreich, zufrieden und glücklich" bezeichnen.

Hoffnung naht – die nachrückenden Männergenerationen scheinen Veränderungen langsam zuzulassen – sicher auch, weil die härter werdenden Bedingungen am Arbeitsmarkt es zunehmend schwieriger machen, dass einer allein die Last der finanziellen Absicherung der Familie auf sich nimmt. Was das Familienleben angeht, so möchten immer mehr Männer mehr als frühere Generationen für ihre Kinder da sein. Das kollidiert vielfach mit den Erwartungen der Arbeitgeber. Immer noch gilt die Devise: Karriere bedeutet vollständige und immerwährende Verfügbarkeit der Mitarbeiter für die Firma. Vor diesem Hintergrund verdrängen Männer ähnlich wie Frauen ihre persönlichen Ideen der Lebensgestaltung zugunsten vorgezeichneter „ordentlicher" Lebenswege, die die Erwartungen der Herkunftsfamilie und Gesellschaft bedienen und dementsprechend zu Akzeptanz führen.

Kapitel 3

Selbsterkenntnis und der Weg dorthin

„Sicherlich ist es leichter zu schreien,
dass das Feld vom Unkraut bewachsen ist;
konsequenter ist es, das Feld umzupflügen
und mit nützlichem Korn zu bebauen."

Aleksander Świętochowski

? Was erwartet Sie in Kapitel 3?
Um zu **mehr Selbsterkenntnis** – und damit zu **weniger schlechtem Gewissen** – zu gelangen, ist es hilfreich, sich mit zwei Themenfeldern zu beschäftigen: dem **Unterbewusstsein** zum einen und der **Eigen- und Fremdwahrnehmung** zum anderen.

Wie funktioniert eigentlich das Unterbewusstsein; was hat es mit dem schlechten Gewissen zu tun?

Wie können wir zu einer bewussteren Wahrnehmung unserer selbst gelangen? Können andere uns dabei helfen? Was bewirkt eine bewusstere Selbstwahrnehmung in Bezug auf schlechtes Gewissen?

Körper, Geist, Bewusstsein … und was noch?

Was macht den Menschen aus, aus welchen „Bestandteilen" ist er zusammengesetzt? Die meisten Menschen beantworten diese Frage mit „Aus Körper und Geist" oder „Aus Körper und Seele". Und während recht konkret gesagt werden kann, was der Körper ist, fällt eine Definition von „Geist“ oder „Seele“ deutlich schwerer. „Geist“ oder „Seele“ sind mehr als nur „Verstand“ und Gehirn. „Geist“ lässt sich aufteilen in **Bewusstsein** und **Unterbewusstsein**; man kann in diesem Zusammenhang von einer „**Dualität des Geistes**“ sprechen (vgl. Murphy 1962 u. 2004, S. 27ff.).

Die Aufforderung „Lassen Sie das mit dem schlechten Gewissen! Das nützt keinem etwas – nicht einmal Ihnen selbst!“ ist für sich genommen noch keine sehr weitreichende Hilfe. Sie stellt einen Appell ausschließlich an Ihren Verstand – Ihr Bewusstsein – dar. Besser ist es, sein eigenes Fühlen und Verhalten verstehen zu lernen, um sich dann auf den Weg nach der persönlich passenden Lösung machen zu können.

Würden wir Ihnen nun eine ganze Liste von Tipps liefern, wie Sie zu weniger schlechtem Gewissen kommen, wären Sie schlecht und ohne Rücksicht auf Ihre individuelle Ausgangssituation beraten. Wir haben uns darum entschieden, Sie ausführlich über die Hintergründe des schlechten Gewissens zu informieren. Die Impulsfragen dieses Buches sollen Sie in der Wahrnehmung Ihrer eigenen Befindlichkeit (Ist-Situation) begleiten und Ihnen helfen, Ihre Vorstellung davon zu entwerfen, wie Sie in Zukunft mit Ihrem Gewissen umgehen wollen (Soll-Situation). Wir möchten Ihnen also helfen zu verstehen, wann Sie aus schlechtem Gewissen heraus handeln, warum das so ist und wie sich eine Zukunft mit weniger schlechtem Gewissen für Sie persönlich „anfühlen“ wird. Wenn Sie sich bewusst machen, warum Sie sich in bestimmten Situationen auf eine bestimmte Weise verhalten, haben Sie die Möglichkeit, sich Alternativen zu Ihren bisherigen Verhaltensmustern zu überlegen. Sie haben Wahlmöglichkeiten. Dazu später mehr.

Wenden wir uns zunächst intensiver dem zweiten Teil unseres Geistes zu: dem **Unterbewusstsein**. Bewusstsein und Unterbewusstsein sind zwei Instanzen, die miteinander den Menschen u. a. mit Informationen versorgen und sein Verhalten steuern. Die Übergänge zwischen beiden Bereichen sind fließend. „Der Denkprozess spielt sich im **Bewusstsein** ab. Denkend treffen Sie Ihre Wahl. [...] Andererseits jedoch sind die inneren Vorgänge Ihres Organismus jeder bewussten Einflussnahme entzogen. Das Unterbewusstsein steuert also nach eigenen Gesetzen den Schlag Ihres Herzens, die Verdauung, die Blutzirkulation und die Atmung" (vgl. Murphy 1962 u. 2004, S. 39, 40).

Wie funktioniert das Unterbewusstsein?

Unterbewusstsein ist wie Humus. Dieser Vergleich ist hilfreich, um sich die Funktionsweise des Unterbewusstseins zu erschließen. Humus ist der Nährboden für Samen. Gleichzeitig unterscheidet Humus nicht, welchen Samen er aufgehen lässt. Trifft ein Samenkorn auf Humus, kann es wachsen und gedeihen – ganz gleich, ob daraus eine Distel entsteht oder ein Weizenkeimling. In vergleichbarer Weise unterscheidet das Unterbewusstsein nicht zwischen schlecht und gut, nützlich und unnütz. Lassen Sie uns einmal Samen mit Gedanken vergleichen: Haben Sie gute Gedanken, pflanzen Sie einen gesunden Samen in Ihr Unterbewusstsein. Sie ernten dann große, gute, vitaminreiche Früchte, die Ihnen Lebensfreude und Leistungsfähigkeit für Ihre alltäglichen Aufgaben und Pflichten geben. Haben Sie negative Gedanken, geht auch dieser Samen auf und bringt die entsprechenden Früchte hervor, die Ihnen Kraft und Energie rauben und Sie Ihren Zielen nicht näher bringen. „Sind Sie also von der Wahrheit eines bestimmten Sachverhalts überzeugt, so wird ihn auch Ihr

Unterbewusstsein als zutreffend hinnehmen und entsprechend reagieren, selbst wenn Ihre Meinung objektiv irrig ist" (Murphy 1962, S. 37).

Ihr Unterbewusstsein ist nicht in der Lage, logisch zu agieren. Es nimmt alles, was es bekommt, als gegebene Tatsache auf, wählt nicht aus und vergleicht auch nicht. Schlechtes Gewissen speichern Sie in Ihrem Unterbewusstsein. Vor vielen Jahren erfolgreich ausgesät, ist der Same aufgegangen und hat sich mit festen Pfahlwurzeln in Ihnen verankert. Wir stellen uns schlechtes Gewissen vor wie einen Eichensamen, der sich unbemerkt im Garten einnistet, festsetzt und verwurzelt. Er wächst relativ langsam, zeigt sich die ersten Jahre vielleicht schwächlich, überlebt aber dennoch. Versuchen Sie, die etwa 50 Zentimeter hohe Pflanze aus dem Boden zu ziehen, ist das ein vergebliches Unterfangen: Ihre Kräfte reichen dazu nicht aus. Sie hat sich viel tiefer verwurzelt, als sie selbst hoch ist.

Sie sehen, die Sache mit dem schlechten Gewissen ist eine zähe Angelegenheit. Fest verwurzelt in Ihrem Unterbewusstsein wirkt das schlechte Gewissen – unbewusst und eben dadurch erfolgreich.

Schlechtes Gewissen wirkt, ohne dass wir es bemerken

Unser Verhalten ist durch die Signale unseres schlechten Gewissens mitbestimmt. Sie haben aber die Möglichkeit, sich selbst immer wieder zu fragen: Welcher Impuls bestimmt mein Verhalten? Warum tue ich, was ich tue?

Bleiben wir bei dem Bild des Eichensetzlings. Was könnten Sie tun, wenn Sie in Ihrem Garten einen ungeliebten Eichensetzling vorfänden? Sie könnten sich zum einen eine Säge besorgen und den sichtbaren Teil des

Bäumchens – also Ihres schlechten Gewissens – entfernen, in der Hoffnung, dass die Wurzel ohne Stamm und Blätter nicht überlebensfähig ist. Oder Sie lassen den Baum wachsen und gedeihen, schneiden ihn nach Ihren Vorstellungen in Form, betrachten ihn immer mal wieder und beginnen mit ihm zu kommunizieren. Sie nehmen den Baum als Teil Ihres Gartens wahr.

Bernd, 34 Jahre, Jurastudent, berichtet im Rahmen einer Beratung, wie er drei Tage vor Weihnachten wacker zu seiner eigenen Entscheidung zu stehen versuchte, dieses Mal nicht nach Hause zu fahren. Bernd war enttäuscht von seinen Eltern – nicht zuletzt, weil sie sein Studium nicht in der Weise unterstützten, wie er es sich erhofft hatte. Aus seiner Sicht gab es keine Grundlage für ein gemeinsam verbrachtes, harmonisches Weihnachtsfest. „Ich war fest entschlossen, an den Festtagen nicht heimzufahren. Doch als alle meine Mitbewohner und Freunde sich langsam verabschiedeten, bröckelte meine Entschlossenheit. Ich bekam ein schlechtes Gewissen meiner Mutter gegenüber. In meinem Kopf hämmerte es: Man lässt seine Mutter an Weihnachten nicht im Stich. „Ich bin an Heiligabend mit dem letztmöglichen Zug heimgefahren, fühlte mich aber nicht groß erleichtert."

Bernds Beispiel zeigt, wie durchgreifend ein schlechtes Gewissen wirkt und sich letztlich trotz bewussten Widerstandes durchsetzt.

Wahrnehmung als Schutz vor schlechtem Gewissen

Wollen wir in Zukunft mit weniger schlechtem Gewissen auskommen, brauchen wir eine schärfere Wahrnehmung von uns selbst.

Wer über eine gute, stimmige Wahrnehmung seiner selbst verfügt und dadurch einen hohen Grad an Selbsterfahrung erreicht hat, kann wesentlich besser mit schlechtem Gewissen umgehen.

Nach allem, was wir inzwischen über die Rolle des Unterbewusstseins bei der Ausbildung eines schlechten Gewissens erfahren haben, wäre es unrealistisch anzunehmen, wir könnten in Zukunft ohne jegliche Gewissensbisse leben. Jeder und jede von uns hat eine Vergangenheit und bringt viele „Samen" aus der Herkunftsfamilie, dem persönlichen Umfeld und den kulturellen Kontextbedingungen mit.

Unsere intellektuellen und emotionalen Fähigkeiten versetzen uns jedoch in die Lage, die Kontrolle über die aufgegangenen Samen zu erlernen. Ein erfolgreicher Bauer bewirtschaftet seinen Grund und Boden so, dass nur die Samensorten wachsen und gedeihen, für die er sich bewusst entschieden hat. Unerwünschte Samen, die sich eingenistet haben, wird er nicht eigens wässern und düngen. Zumindest darüber hat er alleinige Handlungsvollmacht.

Das macht natürlich Mühe! Es ist Ihre Entscheidung, ob Sie sich die Arbeit machen wollen, aus Ihrer Vergangenheit zu lernen, um danach mit weniger schlechtem Gewissen freier und selbstbestimmter zu leben.

Wenn Sie sich positiv entscheiden, empfiehlt es sich, bei der Untersuchung Ihres „Landgutes" sorgfältig vorzugehen. Wie wäre es mit einer ordentlichen Untersuchung Ihrer „Bodenbeschaffenheit" und einer guten Bestandsaufnahme über die Pflanzenvielfalt und den Wildwuchs vergangener Jahre?

Merit, 29 Jahre, Bankkauffrau, litt darunter, als attraktive, unabhängige Frau nach vielen wechselnden Paarbeziehungen keine stabile Partnerschaft aufgebaut zu haben. „Meine biologische Uhr tickt inzwischen extrem laut. Wenn ich nicht bald eine gute Paarbeziehung zustande bringe, ist der Zug für mich abgefahren." Auf die Frage: „Für wen waren Sie in Ihrer Herkunftsfamilie wichtig?", äußerte sie: „Ich bin Papas Liebling!". Hockey war das Hobby ihres Vaters, also spielte Merit aktiv Hockey. Sein Traum war, das Segeln zu erlernen, wozu allerdings die Gelegenheit und das Geld fehlten. Merit hat die Zulassung als Segellehrerin. Die Beziehung ihrer Eltern zueinander beschreibt sie als distanziert und schweigsam. Merits Mutter widmete sich im Laufe der Jahre zunehmend ehrenamtlichen Tätigkeiten im kommunalen Umfeld. Dort war sie sehr anerkannt, beliebt und galt als äußerst zuverlässig. Merit bewohnt eine eigene Wohnung in derselben Straße wie ihre Eltern. Kontakt zu den Eltern hat sie nahezu täglich. Diese besitzen Schlüssel zu Merits Wohnung, die sie regelmäßig auch in Merits Abwesenheit betreten (wenn Strom abgelesen, eine Lampe aufgehängt, gelüftet oder Staub gewischt werden muss). Für Merit ist das normaler Alltag.

Nach mehreren Gesprächen zur Verbesserung von Merits Selbstwahrnehmung konnte sie sich von dem Druck, innerhalb des nächsten Jahres unbedingt eine funktionierende Paarbeziehung aufzubauen, freimachen und bewusster die Frage beantworten: **„Für wen bin ich eigentlich wirklich verantwortlich?"** Sie hatte mehrere konstruktive Gespräche mit ihren Eltern mit dem Ergebnis, dass die Schlüssel zur Wohnung nicht länger in deren Besitz verblieben. Darüber hinaus hat Merit durch gemeinsame Unternehmungen bewusst die Beziehung zu ihrer Mutter vertieft, um dem Ungleichgewicht „Viel Papa – wenig Mama" etwas entgegenzusetzen. („Ich wusste gar nicht, was für eine spannende und tiefsinnige Frau meine Mutter ist".)

Merits bisherige Wahrnehmung ihrer Familie als einer „normalen Familie“ mit normalen Verhältnissen von Nähe und Distanz wurde ein anderes Bild gegenübergestellt:

Bei Merit stehen Vater und Mutter weit auseinander, sind eigentlich getrennt. Merit steht eng bei ihrem Vater. Die Mutter wird begleitet vom „Ehrenamt“ und von Merits älterem Bruder. Diese Konstellation erwies sich über Jahre hinweg als sehr stabil. Nach der Heirat des Bruders veränderte sich die Situation zum Nachteil von Merit. Merits Mutter nahm über die Tochter zunehmend Kontakt zu ihrem Mann auf und Merits Vater ließ an keinem ihrer Verehrer ein gutes Haar. Jede sich anbahnende Paarbeziehung bedrohte seine Beziehung zu Merit. Wo wäre da Platz für einen Mann an Merits Seite gewesen? Merit hatte unbewusst bereits einen Partner – ihren Vater.

Merit hat durch die neue, realistischere Wahrnehmung ihrer Familie die Möglichkeit, sich bewusst selbst zu überlegen, wieviel Vater sie mit 29 Jahren braucht und kann einen sanften, allen Beteiligten zuträglichen Ablösungsprozess beginnen.

Wer **verstanden** – also eine **bewusste Erfahrung** gemacht – hat, kann nicht mehr in den Zustand vor der bewussten Erfahrung zurück.

Merit wird von nun an immer weniger unbewusst die Rolle eines „Puffers“ zwischen ihren Eltern erfüllen können. Das unbewusste schlechte Gewissen „Papa ist doch so stolz auf mich, also darf ich ihn auch nicht enttäuschen“ ist nicht mehr so wirkmächtig wie früher. Das schafft eine ganz neue Basis für zukünftiges Handeln.

Merits Beispiel macht Mut. Es lohnt sich, sich seiner selbst besser bewusst zu werden. In Zukunft wird Merit sich immer stärker ihren eigenen Vorstellungen entsprechend verhalten. Das wird für alle Beteiligten sicherlich nicht immer einfach sein, auch wenn die Veränderung letztlich positiver Natur ist (z. B., weil Merits Eltern nun nicht mehr über ihre Tochter miteinander kommunizieren müssen). Der Prozess der Veränderung wird sich nicht von einem Tag auf den anderen, sondern über einen längeren Zeitraum vollziehen.

Wahrnehmung – was ist damit gemeint?

Wahrnehmung können wir unter verschiedenen Perspektiven weiter beleuchten. Zum Thema „schlechtes Gewissen" gehören beide Seiten der Wahrnehmung: die **Selbst- oder Eigenwahrnehmung** und die **Fremdwahrnehmung,** denn nur so erhalten wir ein „rundes", relativ realitätsnahes Bild von uns selbst.

Schlechtes Gewissen steuert unser Empfinden, unser Grundgefühl. Je weniger uns dies bewusst ist, umso erfolgreicher wirkt schlechtes Gewissen.

Uschis großer Traum war, eine längere Reise nach China zu unternehmen. Als sie mit 19 Jahren diesen Wunsch in die Tat umsetzen wollte, war sie konfrontiert mit massivem Widerstand ihrer Eltern. Uschi stritt viele Wochen und Monate mit ihren Eltern um deren Zustimmung – vergeblich!

Warum hat sie die Reise nicht einfach vorbereitet und angetreten, sondern ernorm viel Energie in eine aussichtslose Auseinandersetzung investiert?
Uschi sagt heute:

„Ich denke, wenn ich seinerzeit einfach losgefahren wäre, hätte ich ein unsäglich schlechtes Gewissen meinen Eltern ge-

genüber bekommen. Mir war aber damals nicht klar, dass es mein schlechtes Gewissen war, das mich hinderte. Alles, was ich spürte, war, dass mir irgendwie die Kraft fehlte, die Reisevorbereitung anzugehen. Vielleicht wollte ich den Widerstand meiner Eltern auch irgendwie. Immerhin hatte ich dadurch das Gefühl, dass ich ihnen wichtig war. Mir fehlte damals wirklich der Mut, es alleine durchzuziehen. Obwohl die Chinareise die Erfüllung meiner Träume gewesen wäre, kam ich aus meinem Gefühlsmischmasch nicht mehr heraus."

Uschi fehlte seinerzeit die adäquate Wahrnehmung der sie hemmenden Gefühle. Sie bedauert bis heute, die Reise nicht gemacht zu haben.

Erkennen Sie sich in Ihrem Handeln häufig selbst nicht mehr wieder? Fühlen Sie sich oft unzufrieden und frustriert? Ein Grund dafür kann sein, dass Sie durch Erwartungen aus Ihrem Unterbewusstsein „ferngesteuert" sind.

Fazit: Eine gute Selbstwahrnehmung auch darüber, ob hinter einer unklaren Gefühlslage ein schlechtes Gewissen steckt, stellt die Handlungsfähigkeit wieder her. Wo wir den eigentlichen Sinn unseres Verhaltens erkennen, haben wir die Möglichkeit, es zu ändern und uns von Fremdbestimmung durch äußere Erwartungen und dem Gesteuertsein durch unser Unterbewusstsein zu lösen.

Unter **Selbst- oder Eigenwahrnehmung** verstehen wir alle Gedanken, Gefühle und Sichtweisen, die eine Person über sich selbst hat. Was sind Ihre Stärken? Was zeichnet Sie persönlich aus? Was mögen Sie an sich selbst?

Fremdwahrnehmung meint die Wirkung einer Person, von außen betrachtet. Was äußert Ihre direkte Umgebung auf die Frage nach Ihren Stärken? Ist Ihre Wirkung unterschiedlich je nach Umgebung, in der Sie agieren? Werden

Sie zu Hause anders wahrgenommen als am Arbeitsplatz, im Ehrenamt oder in Ihrer Freizeit?

Indem Sie sich gegenüber Ihren Mitmenschen in der Ihnen eigenen Weise verhalten, erzeugen Sie bei diesen einen bestimmten subjektiven Eindruck – ein so genanntes Fremdbild. In vielen Fällen weichen Selbstbild (Ihre Einschätzung von sich selbst) und das tatsächlich erzeugte Fremdbild (Verhaltenswirkung) voneinander ab. Das kann zu Missverständnissen und Enttäuschungen führen.

Edgar, 42 Jahre, Abteilungsleiter einer mittelständischen Firma, Vater von zwei Söhnen im Alter von 6 und 8 Jahren, hält sich selbst für einen guten Papa. In seiner knappen Freizeit unternimmt er viel mit seinen Jungs. Fußball ist seine heimliche Leidenschaft, und er scheut keine Mühe, sich für jedes wichtige Spiel rechtzeitig um Platzkarten für sich und seine Söhne zu bemühen. Am Tag des Spiels kommt jedoch alles anders, als er es sich vorgestellt hat. Sein ältester Sohn Marcel hat plötzlich „keinen Bock" auf Fußball und Tim, der jüngere, flüstert vor sich hin: „Wenn Marcel nicht mitgeht, bleib' ich bei Mama." Edgar ist verwirrt und enttäuscht. Er empfindet seine Jungen als undankbar, launisch und verwöhnt. Resigniert und sauer geht er alleine ins Stadion. Einen Tag später hat Edgar immer noch keine schlüssige Erklärung und beschließt, seine beiden Jungs nach den Gründen ihrer Ablehnung zu fragen. Eine gute Entscheidung! Marcel antwortet prompt: „Ich mach' mir nichts aus Fußball, ich bin immer nur deinetwegen mitgegangen. Viel lieber würde ich mit dir zusammen mein neues Modellauto zusammenbasteln. Aber du denkst nur an deine Fußballspiele. Außerdem hast du mir versprochen, mit mir ins Schwimmbad zu gehen und jedes Mal, wenn ich dich frage, verschiebst du es wieder". Der sechsjährige Tim meint: „Papa, ich hab' immer Angst, wenn alle so rumschreien. Am besten bei der ganzen Sache finde ich, dass wir immer Cola und Chips bekommen. In der Schule müssen wir auch immer Fußball spielen und mich stellen sie meistens ins Tor. Wenn ich den Ball dann nicht halten kann, schimpfen alle mit mir rum. Ich mag Fußball nicht mehr."

Was sagt uns Edgars Geschichte? Als erstes fällt auf, dass Edgars Selbsteinschätzung („Ich bin ein guter Vater", „Ich unternehme viel mit meinen Jungs") nicht mit der Fremdwahrnehmung seiner Kinder übereinstimmt. Fußball ist Edgars Hobby und nicht das seiner Söhne. Die Söhne wünschen sich, dass sich ihre Eltern auch für ihre Hobbys und Wünsche interessieren. Will Edgar wirklich ein guter Vater sein, bedeutet das, sich ab und zu für die Interessen der Söhne zu entscheiden, ihnen dafür gemeinsame Zeit einzuräumen und seltener zu Fußballspielen zu gehen.

Edgars Beispiel steht stellvertretend für viele andere Situationen, in denen wir uns in bester Absicht verhalten und meinen, es anderen recht zu machen. Unsere Selbstwahrnehmung ist positiv. Gleichzeitig grollt uns unsere Umgebung, weil wir ihre Erwartungen und Bedürfnisse nicht erfüllen. Bitten wir immer wieder um Informationen hinsichtlich unserer Fremdwirkung, schaffen wir einen Abgleich zwischen unserem Selbstgefühl und unserer tatsächlichen Außenwirkung.

Sicher gibt es Situationen, in denen uns die Außenwirkung nicht so wichtig ist. Wenn wir aber Wert darauf legen, was unsere Nächsten von uns wahrnehmen, gibt es keinen anderen Weg als **Kommunikation.** Sie hilft dabei, Situationen vorzubeugen, die im Nachhinein zu einem schlechten Gewissen führen können.

Wie nehmen wir unsererseits andere wahr?

Viele Menschen glauben von sich selbst, das Verhalten ihrer Mitmenschen gut einschätzen zu können. Wir verlassen uns auf unsere Wahrnehmung und nehmen das, was sie uns sagt, für bare Münze. Viel zu schnell entscheiden wir mitunter intuitiv darüber, „wer" und „was" unser Gegenüber ist.

„Bei Männern mit Glatze habe ich immer das Gefühl, vor mir steht ein Mister Superschlau. Ich warte dann nur noch auf irgendeine neunmalkluge Frage und fühle mich bestätigt, dann ist der Ofen bei mir gleich aus" (Petra, 24 Jahre, Single-Chat im Internet).

So wie Petra verhalten sich viele. Wie zäh und ausdauernd müsste der ideale, aber leider glatzetragende Partner für Petra wohl Kontakt zu ihr aufbauen, bis sie ihre erste schnelle Ablehnung aufgeben würde und sich vom Gegenteil überzeugen ließe?

Dass Menschen unbewusst ihr Gegenüber über den ersten Eindruck kategorisieren, ist normal. Verhaltensforscher sind der Ansicht, dass solche Wahrnehmungsmechanismen ein Überbleibsel aus der Frühzeit der menschlichen Entwicklungsgeschichte sind. Damals ging es ums Überleben als oberstes Ziel. Wer rasch einschätzen kann, ob sein Gegenüber ihm Schaden zufügen wird oder nicht, reduziert die Gefahr eines Angriffs.

Wichtig ist, darauf zu achten, wie rasch wir unserem ersten Eindruck vertrauen.

Tipp:
Misstrauen Sie ab und zu Ihrem ersten Eindruck und geben Sie Ihrem Gegenüber eine zweite Chance!
Denn auch das ist eine Möglichkeit, zu vermeiden, dass man in Missverständnisse gerät, die einem im Nachhinein ein schlechtes Gewissen bereiten.

Rückmeldung – ja bitte!

Wer mehr über sich selbst erfahren will, der nutzt am besten alle ihm zugänglichen Informationen aus der Außenwelt. Nur wenige Menschen haben Bekannte und Freunde, die unaufgefordert Rückmeldung geben. Sollte dies bei Ihnen der Fall sein, dürfen Sie sich glücklich schätzen. Ein echter Freund, eine echte Freundin, der/die Ihnen ehrliches Feedback gibt, ohne Sie zu verletzen, ist mehr als Gold wert. Solche Freundschaften sollten Sie gut hegen und pflegen. Wenn Freunde, Familie und Arbeitskollegen sich nicht von sich aus äußern, Sie aber dennoch gern mehr über Ihre Wirkung nach außen erfahren würden, dann bitten Sie doch einfach regelmäßig um Feedback.

Kurztest für Selbstsichere

Sind Sie der Ansicht, dass Sie kein Feedback benötigen, weil Sie selbst über eine gute Einschätzung Ihrer eigenen Stärken und Schwächen verfügen? Wenn ja, bitten wir Sie um einen Kurztest: Sie schreiben auf ein Blatt Papier eine kurze Einschätzung Ihrer eigenen Wahrnehmung zu Ihrem Verhalten der letzten zwei Tage:

Hier einige Fragen, die Ihnen dabei helfen können:

1. Wie habe ich mich selbst die vergangenen beiden Tage erlebt?
2. Was habe ich gut gemacht?
3. Was würde ich gern besser machen?

Legen Sie Ihren Aufschrieb beiseite. Dann bitten wir Sie, die folgenden Fragen – ebenfalls schriftlich – von Ihnen nahe stehenden Menschen, mit denen Sie während der letzten zwei Tage zu tun hatten, beantworten zu lassen:

Fragen an die Menschen in meiner unmittelbaren Umgebung:

1. Wie hast du mich in den letzten zwei Tagen erlebt?
2. Was, denkst du, habe ich gut gemacht?
3. Was, denkst du, sollte ich besser machen?

Lassen Sie sich überraschen, wie unterschiedlich, wie neu oder auch wie übereinstimmend Ihre eigene Einschätzung zu denen Ihrer Mitmenschen ist.

Doris, 37 Jahre, verheiratet, drei Kinder, Geschäftsführerin einer Modeboutique, erzählt: „Stellen Sie sich vor, ich bemühe mich als Familienfrau seit über zehn Jahren um das Familienweihnachtsfest. Ich lade meine Eltern ein, ebenso meine noch unverheirateten Geschwister und natürlich auch die alleinstehende Oma. Wochen vorher plane ich den Ablauf, seufze unter der zusätzlichen Last, weil ich ohnehin seit Jahren durch Überforderung in Familie und Beruf mehr als kurreif bin. Nichtsdestotrotz, ich gestalte für alle Weihnachten, weil ich denke, dass man das so von mir erwartet. In den Adventswochen backe ich acht bis zwölf Sorten der verschiedensten Plätzchen. Ich bestelle zwei Weihnachtsgänse aus biologischer Aufzucht, kaufe die neueste Weihnachtsdeko aus der aktuellsten Frauenzeitschrift. Dann naht Heiligabend, jetzt brauche ich echte Unterstützung, weil ich das Schlussprogramm der festlichen Vorbereitung wirklich nicht alleine bewältigen kann. Mit letzter Kraft und Engelszungen motiviere ich meinen Mann und meine Kinder zur tatkräftigen Mithilfe. Ich überhöre deren Einwände und denke: „Wenn ich besser geplant hätte, dann würde ich wirklich ohne Mithilfe klarkommen. Nächstes Jahr werde ich das hinkriegen." Als Lohn der Mühe erwarte ich die hoffentlich strahlenden Augen meiner Familie. Das ist doch was!! Dann ist es soweit, ich habe den Braten im Ofen, den Tisch festlich gedeckt, frische Blumen arrangiert und mich in den letzten acht Minuten geduscht und mein bestes Kleid angezogen. Alle stehen erwartungsvoll bereit, heben das Glas mit dem Aperitif, haben sich ganz arg lieb ... und in mir macht sich eine große Leere breit. Ich bin enttäuscht und wütend. Gleichzeitig aber hat mir ja keiner etwas zu Leide getan. Ich empfinde mich selbst als undankbar und überempfindlich. Ich reiße mich zusammen, halte durch für meine Familie."

Was, glauben Sie, stünde auf Doris' Zettel zu ihrer Eigenwahrnehmung und welche Rückmeldungen würde sie von ihren Angehörigen erhalten?

Wir haben Doris folgende Fragen gestellt:

Woher stammt Ihre Idee, dass es Ihr Job ist, alle zu Weihnachten einzuladen und ein festliches Ambiente zu bieten? Wer erwartet das wirklich von Ihnen? Seit wann haben Sie diese Vorstellung?

Wenn Sie Ihre Verpflichtung als eine Art Job betrachten: Seit wann haben Sie diesen Job? Haben Sie Kündigungsfristen und mit wem haben Sie diesen „Arbeitsvertrag" eigentlich geschlossen? Wie sieht Ihr Gehalt aus? Haben Sie eine konkrete Stellenbeschreibung und ist diese veränderbar?

Doris hat sich daraufhin mit ihrer Familie über ihre Befindlichkeit unterhalten. Sie hat von jedem Familienmitglied Feedback eingeholt und zu ihrem Erstaunen bei fast allen ein schlechtes Gewissen rückgemeldet bekommen. „Mama, ich fühle mich schlecht, wenn du dich so abrackerst, aber mein Ding ist das ganze Weihnachtsbrimborium gar nicht" (Stefan, 14 Jahre) oder „Ich fände es viel schöner, wir würden gemeinsam kochen und den Baum schmücken und dann noch miteinander rumklönen und es wären nur wir als Familie da" (Gabi, 16 Jahre). Doris' Mann Peter hat geäußert: „Dein Engagement macht mir Angst, ich will dich da nicht bremsen, aber mir ist das alles zu viel, ich brauche wegen meines stressigen Jobs auch mal ein paar ruhige Tage. Ich finde, dass du immer alles sehr schön für uns machst, aber ist diese Art Weihnachtsfest noch das, was wir alle wollen? Endlich reden wir darüber."

In unserer täglichen Beratungsarbeit – gerade im Themenbereich „Verbesserung der Vereinbarkeit von Beruf und Familie" – können wir immer wieder feststellen, wie sehr das Einholen von konstruktiven Rückmeldungen die Kommunikation verbessert. Durch das Einholen von Rückmeldungen erweitern Sie Ihr Repertoire an Informationen über sich selbst. Gleichzeitig üben Sie die Fähigkeit, Ihre Eigenwahrnehmung zu hinterfragen: Auf diese Weise lassen Sie sich nicht mehr so leicht von vermeintlichen „Ich sollte …" und „Ich muss noch …" ins Bockshorn jagen.

Welche der Menschen, die Sie gut kennen und mit denen Sie regelmäßig Kontakt haben, geben Ihnen uneigennützig und freiwillig Feedback – beruflich und privat?

Stellen Sie diesen Personen doch einfach vier kurze Impulsfragen:

1. Wie wirke ich auf dich?
2. Was nimmst du wahr, wenn du mich siehst?
3. Was denkst du, sind meine Stärken?
4. Was empfiehlst du mir aus deiner Sicht?

Gutes und weniger gutes Feedback

Ist jedes Feedback gutes Feedback? Leider nicht. Immer wieder treffen wir auf Menschen, die es kaum lassen können, uns ihre ganz persönlichen Urteile, Tipps und Ratschläge auf die Nase zu binden. „Wenn ich du wäre, würde ich die Haare immer hochgesteckt tragen!" oder

„Also, ich würde das ja an deiner Stelle ganz anders machen." Wie fühlen Sie sich angesichts solcher Äußerungen? Wenn Sie darauf sauer reagieren, dann mit vollem Recht. In gespielt guter Absicht werden Ihnen Wertungen in einer „Ich-weiß-was-für-dich-gut-ist"-Verpackung untergejubelt. Diese Art Feedback ist nicht hilfreich. Sie haben darum nicht gebeten, können es also auch ohne schlechtes Gewissen dankend ablehnen.

Anders verhält es sich bei Feedback, um das Sie andere gebeten haben. Stellen Sie sich vor, Sie sitzen in gemütlicher Runde mit Ihren besten Freunden zusammen und bitten diese reihum um deren Rückmeldung zu Ihrer Rede neulich zum Jahrgangstreffen Ihrer Abiturklasse. Ihre Freunde konzentrieren sich auf Ihre Bitte und formulieren einzeln Ihre Eindrücke. Wir empfehlen Ihnen, sich auf jeden Fall jedes einzelne Feedback unkommentiert anzuhören und dann für sich alleine zu entscheiden, welche Rückmeldungen für Sie nützlich sind und welche nicht. Sie brauchen sich nicht jeden „Schuh anzuziehen". Bedanken Sie sich für die Rückmeldungen und sortieren Sie dann diejenigen aus, mit denen Sie nichts anfangen können. Wir wissen, dass das manchmal gar nicht so einfach ist. Vor allem verletzende Rückmeldungen machen uns zu schaffen. Doch bedenken Sie: Es handelt sich hier immer nur um die individuelle Sichtweise eines Einzelnen. **Rückmeldungen sind keine Wahrheiten**, nur Ansichten. Möglicherweise haben Ihre Freunde im Formulieren von Rückmeldungen wenig Übung und treffen daher ganz ungewollt einen Ihrer wunden Punkte. Vergessen Sie nicht: Eine ehrliche, gut gemeinte Rückmeldung an Sie bringt dem Rückmeldenden keinen Nutzen. Eine solche Rückmeldung ist ein Geschenk an Sie. Sie können damit machen, was Sie wollen.

Leben ohne schlechtes Gewissen: Wie wäre das?

Stellen Sie sich vor, Sie beginnen den ersten Tag Ihres zukünftigen Lebens ohne schlechtes Gewissen. Wie fühlt sich das an? Alles, was Sie anpacken, ist frei von Erwartungen anderer, frei von „Richtig/Falsch-Denken", in eigener, bewusster Entscheidung mit ausdrücklichem „Ja" entstanden.

Ist es wie im Urlaub? Niemand kann Ihnen Vorschriften machen, was Sie zu tun oder zu lassen haben. Sie haben Ihrem Unterbewusstsein klar und deutlich signalisiert, dass Sie in Zukunft nur noch die Dinge tun werden, für die Sie sich bewusst entschieden haben.

Sie gehen zur Arbeit, weil Sie das so wollen. Sie besuchen den Elternabend in der Schule Ihrer Kinder, weil Sie das als sinnvoll erachten und die Entwicklung Ihres Kindes in der Schule bewusst aktiv begleiten möchten. Sie kaufen Ihrem Ehepartner eine Kleinigkeit zum Wochenende, weil Sie sich auf die gemeinsame freie Zeit freuen und nicht, weil Sie ein schlechtes Gewissen haben, so wenig Zeit mit ihm oder ihr verbracht zu haben. Alles, was Sie tun, tun Sie aus **Herzenslust** und nach **eigener Entscheidung**. Sie leben ohne schlechtes Gewissen.

In aller Konsequenz bedeutet das aber auch, Dinge, die Sie bisher erledigt haben, deren Sinn Sie aber überhaupt nicht verstanden haben, nun bleiben zu lassen.

Sie schreiben also nicht mehr, wie bisher, aus Ihrem Urlaub Postkarten mit netten Sätzen ohne Inhalt und Bedeutung an den immergleichen Personenkreis, weil „man das eben so macht". Sie telefonieren nicht mehr jedes Wochenende zur besten Familienzeit mit Ihren Eltern oder Schwiegereltern, wenn Sie eigentlich keine Lust dazu haben und auch nichts zu sagen wissen. Sie laden nicht länger langjährige Bekannte, die Sie inzwischen nur noch langweilig und öde finden, zum regelmäßigen Brunch ein, weil Sie denken, dass diese das erwarten oder „dass Sie jetzt mal wieder dran sind mit Einladen".

Das kann auch bedeuten, dass Sie ein Arbeitsverhältnis aufgeben, in dem Sie nur noch aus Dankbarkeit und einem Gefühl der Verpflichtung heraus ausharren („Herr X. war ein so guter Lehrmeister, ich darf ihn jetzt nicht im Stich lassen").

Welche Dinge würden Sie in Ihrem neuen Leben ganz bewusst unterlassen?
Was geht Ihnen persönlich schon lange gegen den Strich?
Worunter leiden Sie am vordergründigsten?
Wieso zwingen Sie sich zu Dingen, die Ihnen zutiefst zuwider sind?

Erlauben Sie sich, diese Fragen zu beantworten und stellen Sie sich Ihren Antworten, ohne sie zu zensieren oder zu beschönigen. Jetzt liegt es an Ihnen, sich für sich selbst zu entscheiden und selbstbewusst (das ist kein Egoismus!) zu jedem Ihrer kommenden Schritte „Ja" oder „Nein" zu sagen und entsprechend zu handeln.

Übung: Schreiben Sie Ihr eigenes „Morgen …"-Tagebuch

Wir laden Sie ein, sich zehn Minuten Zeit zu nehmen und den kommenden Tag detailliert zu beschreiben. Achten Sie dabei darauf, dass alles, was Sie sich vornehmen, ausschließlich aufgrund bewusster Ja-Entscheidungen passieren soll.

Beispielhaft sehen Sie im Folgenden einen Ausschnitt aus Margots Morgen-Tagebuch. Sie ist 42 Jahre alt, allein erziehende Mutter von zwei Kindern und zu 70 Prozent berufstätig als Immobilienmaklerin:

6.40 Uhr: Aufstehen, die Kinder wecken, gemeinsam frühstücken, Pausenbrote und Trinkflaschen richten, positiver Abschied und Aussicht auf das Wiedersehen um 14.00 Uhr. („Ja, das muss sein, das will ich so, und ich mach' das auch!")

7.15 Uhr: Warme Dusche mit kaltem Guss am Schluss, 15 Minuten Zeitung lesen und die Unterlagen für die kommenden Besichtigungstermine zusammenstellen. Was koche ich heute Nachmittag? Zutaten und Kühlschrankangebot testen und kreativ vorgehen. Im Notfall eine Alternative überlegen! („Die Zeitung in Ruhe lesen, das ist eine Oase für mich; Duschen ist Wellness pur.")

8.00 Uhr: Start zum ersten Termin – die Adresse der Kunden in der Regionalkarte orten, Wegstrecke auswählen, Tankfüllung prüfen, losfahren. („Neue Kunden bedeuten für mich immer wieder ein spannendes Terrain, wo ich etwas dazulernen kann!")

8.05–8.20 Uhr: Mentale Einstimmung auf die Neukunden und „Zappen" in andere Welt. („Ja, ich werde darin immer besser!")

8.30–10.30 Uhr: 90 Minuten Beratungstermin mit anschließender Reflexionsphase und Verwaltung. („Ja, das ist mein Job, ich bin darin gut und freue mich, wenn meine Kunden aus dem Gespräch etwas mitnehmen. Ich will mich frei auf neue Situation einlassen und genieße die Möglichkeit, meine Termine selbst zu vereinbaren.")

10.30–11.00 Uhr: Weiterfahrt zum nächsten Kundentermin.

11.00–13.00 Uhr: Zweites Kundengespräch mit Reflexion und Erledigung notwendiger Aufgaben. („Wenn's mit dem Mittag-

essen zeitlich eng wird, kochen die Kinder und ich das Mittagessen eben gemeinsam.")

13.30–15.00 Uhr: Ankunft zu Hause, Kochen und Essen mit den Kindern, Küche aufräumen und Motivationsschub für Hausaufgabenzeit der Kinder, kurze Kaffeepause mit Nachbarin. („Ein echter Lichtblick des Tages!")

ca. 15.00 Uhr: Robert anrufen – wegen unseres Sporttermins am Wochenende. („Ich sage ihm ab, weil ich den Kindern das Wochenende versprochen habe. Ich möchte mein Wort halten; das muss er verstehen.")

15.00–15.30 Uhr: Weitere Telefonate und Verwaltungskram erledigen („Das muss sein. Was weg ist, ist weg und entlastet.")

15.30–18.00 Uhr: Einkaufen der wichtigsten frischen Lebensmittel, Waschmaschine füllen und leeren, eine Stunde Zeit für Walking, Duschen und Abendessen vorbereiten. („Ich mache nur das Notwendigste und dann ab in die Natur, egal, wie das Wetter ist. Sport tut gut, ich bekomme meinen Kopf wieder frei und freue mich auf das gemeinsame Abendessen mit den Kindern.")

18.00–19.20 Uhr: Die Kinder zum Abendessen zusammenrufen, Abendgespräche und „Sorgenstunde", Hausaufgabencheck und Schultasche vorbereiten! Kleines Abendspiel oder Fernsehen. („Ich habe ein gutes Gefühl, weil der Ablauf ruhig, klar und ritualisiert ist.")

20.30 Uhr: Die Kinder sind in ihren Zimmern und lesen oder schlafen bereits. Zeit für Kreatives am PC oder Telefonate mit Freunden, die Nachrichten im Fernsehen, eventuell einen guten Abendfilm, Termine checken für den kommenden Tag und dann Lesen im Bett. („Telefonieren werde ich nur, wenn ich wirklich Lust darauf habe!")

Margots „Morgen ..."-Tagebuch zeigt ihren Wunsch, den Tagesablauf nicht mit unnötigen „Fremdbestimmungen" zu überladen und sich dann in Hektik, Zeitnot und Überforderung zu verlieren. Margot bemüht sich, genau zu dokumentieren, welche Tagesinhalte wichtig und daher nicht diskutabel sind und mit welchen Aktivitäten sie ihre Batterie wieder auftanken will. Sie übernimmt bewusst Verantwortung für sich selbst.

Befreien Sie Ihren Alltag von überflüssiger Fremdbestimmung

Stellen Sie sich vor, wie Sie täglich Ihre Prioritäten festlegen. Sie bemühen sich, die notwendigen Dinge einzuplanen, achten auf Ihre Kapazitäten, lassen Spielraum für Unvorhergesehenes und denken dann noch daran, dass Ihre Sinne nach „Futter" verlangen. Sie haben sich bemüht, Ihre Aufgaben und Pflichten neben den Bedürfnissen Ihrer Lieben zu berücksichtigen, Sie haben an Ihre eigenen Bedürfnisse gedacht und dafür Zeit eingeräumt. Und Sie haben noch Luft eingeplant für Mußezeiten, die auch mal sein dürfen. Was wollen Sie mehr? Mehr geht nicht! Sie haben Ihr Bestes versucht, und das muss reichen.

! Inzwischen wissen Sie, dass im „Humus" Ihres Unterbewusstseins eine Menge „Samen" aufgegangen sind, die Ihnen „Früchte" bescheren: Ihr schlechtes Gewissen nämlich. Es ist ziemlich fest verwurzelt, an Ausreißen ist fast nicht zu denken – aber Sie können die Pflanzen so formen, dass kein Wildwuchs entsteht. Dazu allerdings müssen Sie erst einmal eine Bestandsaufnahme Ihres „inneren Gartens" machen. Dies geschieht über eine verbesserte Eigenwahrnehmung und durch regelmäßige freundschaftliche und uneigennützige Rückmeldungen aus Ihrer Umgebung.

Kapitel 4

Gefühle und Gewissen

„Jedenfalls ist es besser, ein eckiges Etwas zu sein als ein rundes Nichts."

Friedrich Hebbel

? Was erwartet Sie in Kapitel 4?
Wir werden uns mit den menschlichen Gefühlen beschäftigen und fragen, was unsere Gedanken mit unseren Gefühlen – also auch unserem schlechten Gewissen – zu tun haben. Beeinflussen sie sich gegenseitig? Wozu hat man überhaupt Gefühle? Was bedeutet „Selbstwertgefühl" – und was hat es mit schlechtem Gewissen zu tun?
Eine „echte" Persönlichkeit – wie wird man das? Wie gehen Menschen mit Persönlichkeit mit ihren Gefühlen, mit ihrem schlechten Gewissen um?

Wir werden Ihnen Aussagen vorstellen, die möglicherweise bei Ihrem schlechten Gewissen einen „Volltreffer" auslösen und erläutern, welche Strategien es gibt, um damit fertig zu werden.

Es gibt unterschiedliche Arten von Gefühlen

Die Psychologie unterscheidet zwischen verschiedenen Arten von Gefühlen. Es gibt „personale Gefühle", die sich auf Personen beziehen, wie etwa Liebe oder Hass. „Situative Gefühle" werden durch bestimmte Situationen ausgelöst –

Freude, Ärger oder Überraschung fallen in diese Kategorie. Gefühle von Scham und Schuld, also auch das Gefühl des schlechten Gewissens, sind „kognitive Gefühle“: Sie werden durch verinnerlichte Normen ausgelöst.

Alle Gefühle sind von mehr oder minder großen Empfindungen von Lust oder Unlust begleitet. Und, ganz wichtig: Unsere Gedanken spielen eine entscheidende Rolle bei der Entstehung unserer Empfindungen. Können Sie sich noch an das Beispiel ganz am Anfang des Buches erinnern – Jonas im Kindergarten mit seinem ungebügelten Hemd? Warum freute sich seine Mutter nicht einfach am Anblick von Jonas, wie er sich fröhlich über den rot-weiß-blau karierten Bauch strich? Weil sie *dachte*: „Das Hemd ist nicht gebügelt, wenn er das im Kindergarten anhat, dann meinen die Erzieherinnen: ‚Die Mutter kriegt's ja wirklich nicht auf die Reihe ...‘“ – Die Norm, gegen die sie verstieß, lautete: „Man zieht keine ungebügelten Hemden an!“ und sie ließ es im Geiste zu, dass die Erzieherinnen sie wegen dieses „Normverstoßes“ scharf kritisieren würden – obwohl ihr selbst gebügelte Hemden gar nicht so wichtig waren und sie auch nicht wusste, wie die Erzieherinnen darüber konkret dachten. Jonas' Mutter wollte aber auf gar keinen Fall das Risiko eingehen, dass die Erzieherinnen schlecht über sie dachten – sie übernahm das gleich selbst und machte sich ein schlechtes Gewissen ... Also:

Gedanken können Gefühle auslösen

Die kognitive Verhaltenstherapie arbeitet auf der Basis der Annahme, dass Gefühle von Gedanken ausgelöst werden, um Menschen zum Beispiel von Phobien vor Schlangen, Spinnen etc. zu befreien. Unsere eigenen Werturteile, unsere bewussten oder unbewussten Denkmuster sind es, die für unsere Gefühle verantwortlich sind.

Stellen Sie sich mal eine drei bis vier Zentimeter große, behaarte Tarantel vor, die es sich in einer sonnigen Ecke eines Terrariums gemütlich gemacht hat. Sie wissen: Ihr Biss ist zwar schmerzhaft, für Menschen jedoch absolut ungefährlich. Was denken Sie? Die Skala wird von „So ein scheußliches Monster, das kann beißen und das tut höllisch weh!" bis „Och, ist die süß!" reichen. Die einen werden Abneigung verspüren und den Impuls, sich ganz schnell aus dem Staub zu machen; die anderen werden Zuneigung empfinden und den Impuls, die Spinne zu streicheln, weil sie denken: „Mir tut die bestimmt nichts!" Und wer ist besser dran? Klar, das sind die Leute, die ein entspanntes Verhältnis zu Krabbelgetier aller Arten pflegen ... Dieses Beispiel soll verdeutlichen, dass jede Situation im Leben ganz unterschiedliche Reaktionen auslösen kann – je nach Einstellung der Menschen, die diese Situation erleben.

„Ebenso wie sich die meisten von uns irgendwann einmal entschieden haben, nicht mehr an den Weihnachtsmann, den Klapperstorch oder den Osterhasen zu glauben, könnten wir heute auch an der Veränderung der übrigen unangebrachten, belastenden Normen und Denkmuster arbeiten", schreibt Stavemann (2001). Wenn also jemand, der eine Spinnenphobie hat, irgendwann erkennt: „Meine Angst vor Spinnen steht in keinem Verhältnis zu ihrer tatsächlichen Gefährlichkeit – ich will diese Angst in den Griff kriegen!", dann wird dieser Mensch ganz langsam vom Therapeuten an Spinnen „gewöhnt". In einem ihm persönlich angemessenen Tempo wird er immer weiter an den Gedanken an Spinnen und schließlich an tatsächliche Spinnen herangeführt, bis diese ihm nichts mehr ausmachen. 80 Prozent aller von Phobien betroffenen Menschen können so „geheilt" werden.

Die neuere Forschung ist sich sicher: Es gibt so etwas wie ein angeborenes Naturell, ein „Temperament", das sich nicht verändern lässt. Die meisten Eltern mehrerer Kinder können das bestätigen – jedes Kind ist ganz anders. Aber es gibt nicht nur angeborene Verhaltensmuster, sondern auch erlernte Denkmuster – und an denen kann man arbeiten. Man kann seinen negativen Denkmustern auf die Spur kommen – und einen großen Schritt in Richtung größerer Freiheit machen. Vervollständigen Sie doch einmal folgende Sätze:

„Ich finde, man sollte jeden Tag …"
„Ich meine, man darf nicht …"
„Regen ist …"
„Mutter sein bedeutet für mich …"
„Vater sein bedeutet für mich …"
„Arbeit ist für mich immer …"
„Schokolade ist …"
„Spinnen sind …"

Haben Sie die Sätze oft mit Negativ-Statements wie „Ich finde, Regen ist nervig" oder „Mutter sein bedeutet für mich, die anderen zu bedienen" vervollständigt?

Oder lauten die Sätze bei Ihnen eher „Regen ist toll – denn dann muss ich nicht den Garten gießen!" oder „Mutter sein bedeutet für mich die größte und beglückendste Herausforderung, die es gibt"? Neigen Sie eher zu „Ich finde, man sollte jeden Tag die Betten lüften!" (und haben Sie ein schlechtes Gewissen, wenn Sie's nicht tun?) oder glauben Sie eher, dass man jeden Tag mehrmals herzlich lachen sollte? (Oder vielleicht beides?)

Natürlich sollte man sich nichts „schönreden" – das ist genau das Gegenteil von dem, was dieses Buch anstrebt! Nein, wir fänden es gut, wenn Sie nach der Lektüre ehrlicher mit sich selbst und Ihren Gefühlen umgehen könnten – und dazu gehört erst einmal, dass man sich negative Gefühle (die durch negative Gedanken ausgelöst werden) bewusst macht. „Was da ist, darf da sein“, schreibt Ulla Schaible in ihrem Buch „Ehrlich, echt und endlich ich“ (2001). Lassen Sie sich doch das mal auf der Zunge zergehen: „Was da ist, darf da sein.“

Hat das nicht etwas Befreiendes? Es nützt nichts, gegen seine Gefühle anzukämpfen, sie zu leugnen, denn sie weisen uns auf unser „echtes Ich“ hin. Aber wir können lernen, sie zu verstehen. Und wenn wir unsere Pläne, Absichten und Einstellungen ändern, dann werden sich auch unsere Gefühle ändern.

Wenn Sie mit dem unzufrieden sind, was da ist, gilt also: Was war, war und was ist, ist. Ob es aber so bleibt – das entscheiden wir selbst. Es geht also nicht darum, krampfhaft „positiv zu denken“, sondern Veränderungen anzupacken, die nötig sind, um zu besseren Gefühlen zu gelangen – sich von seinem ständigen schlechten Gewissen zu befreien zum Beispiel.

Wenn Sie merken: „Meine Lebensqualität leidet, weil ich es ständig allen recht machen will und ich deswegen immer irgendjemandem gegenüber ein schlechtes Gewissen habe – ich will das in den Griff kriegen!“ – dann haben Sie schon den ersten Schritt zur Veränderung getan: Zur Veränderung hin zu einem Leben, in dem Sie natürlich noch ab und zu ein schlechtes Gewissen haben werden (denn wir sind alle Menschen mit Schwächen und Fehlern), indem jedoch insgesamt Ihr schlechtes Gewissen in einem angemessenen Verhältnis zu Ihren „Verfehlungen“ steht ... und wo Sie dieses gelegentliche schlechte Gewissen wiederum dazu nutzen, Veränderungen anzustoßen.

Nicht nur beim schlechten Gewissen, sondern auch da, wo es um Veränderung geht, spielen unsere Gefühle eine entscheidende Rolle: Etwas begehren, etwas anstreben – es sind diese Gefühle, die uns die Energie geben, Dinge, die wir uns vorstellen, auch in die Tat umzusetzen. Ohne Gefühle wäre man auch nicht in der Lage, menschliche Begegnungen und Freundschaft zu erleben – was für eine triste Vorstellung ... Um handeln zu können, brauchen wir folglich zweierlei: unsere Gedanken, die unserem Handeln eine Ausrichtung geben, und unsere Gefühle, die uns den entscheidenden Anstoß geben, das, was wir für gut und richtig halten, auch in die Tat umzusetzen.

Kehren wir zurück zu den Denkmustern. Manchmal nimmt man ja wahr, wie „es" in einem denkt: „Oh, sieht das lecker aus!" zum Beispiel, wenn wir bei der Nachbarin im Café einen großen „Coupe Danmark" entdecken. Wir nehmen auch das Gefühl wahr, das dann entsteht: „Sowas möchte ich auch haben!" – Und sobald das Eis bestellt ist: „Oje, was habe ich nur getan? Das sind doch viel zu viele Kalorien! Die teure neue Hose sitzt doch eh' so stramm ..." Das Eis schmeckt einem dann meist nicht mehr.

Oft sind wir uns aber auch der Gedanken nicht bewusst, die im Spiel sind, wenn Gefühle bei uns entstehen. In solchen Fällen meinen wir dann, unsere Gefühle entstünden „automatisch".

Es gibt einen Weg, zu den Ursprüngen eines Gefühls vorzustoßen: Wenn wir uns wieder mal klein, unsicher, panisch fühlen oder ein schlechtes Gewissen haben, können wir uns fragen: „Wann hat das angefangen?" Fast immer wurden solche Gefühle durch Menschen oder Situationen ausgelöst – und durch Gedanken (vgl. Wlodarek 2001, S. 85). Diese Gedanken können lauten: „Ich bin einfach zu blöd!" oder „Warum passiert das ausgerechnet mir?", „Warum sollten die ausgerechnet mich nehmen?",

„Ich seh' einfach furchtbar aus" – oder, um auf die „Bügel-Geschichte" vom Anfang zurückzukommen: „Du alte Schlafmütze, immer kommst du erst auf den letzten Drücker aus den Federn", „du hättest konsequent sein müssen"... Das sind ausnahmslos Sätze, die uns aus einem sehr kritischen Blickwinkel heraus beurteilen.

Übrigens: Als Jonas und seine Mutter im Kindergarten angekommen waren und Jonas sich aus seinem Anorak geschält hatte, musste seine Mutter natürlich aus lauter schlechtem Gewissen entschuldigend zur Erzieherin sagen: „Ich konnte Jonas einfach nicht davon abbringen, sein neues Hemd anzuziehen – obwohl es noch gar nicht gebügelt ist!" Und diese? Lächelte nur freundlich und meinte: „Also, wegen des Kindergartens würde ich ganz bestimmt kein Hemd bügeln!" Damit war Absolution erteilt.

Wäre es nicht schön, wenn wir das auch selbst könnten – uns Absolution erteilen? Wenn wir nicht immer so streng mit uns selbst wären?

Selbstkritik ist natürlich notwendig – Selbstzerfleischung aber nicht. Vor allem Menschen, die in ihrer Kindheit und Jugend kein genügend großes Selbstwertgefühl vermittelt bekommen haben, neigen zu schlechtem Gewissen, zu Schuldgefühlen, dazu, sich selbst zu demontieren. Warum das so ist, erläutert der folgende Abschnitt.

Selbstwertgefühl und schlechtes Gewissen

Freitag Nachmittag in einem großen süddeutschen Einkaufszentrum. Patrizias Mama wühlt sich mit ihrer fünfjährigen Tochter im Schlepptau durch die Regale eines Kleiderladens, in der Hoffnung, ein paar Schnäppchen zu machen – ein Paar neue Jeans könnte die Kleine dringend gebrauchen. Plötzlich ertönen jämmerliche Rufe: „Mama? Mama!? Mama!!" Patrizia hat gerade noch einen wunderschönen rosa Pulli, auf den ein Herz mit weißen Pailletten aufgenäht war, bewundert – da war die Mama plötzlich weg. Dicke Tränen laufen der Kleinen mittlerweile über das Gesicht, sie schluchzt so laut, dass der ganze Körper zittert, immer wieder ruft sie „Mama?!", und die pure Verzweiflung ist ihr in das rot angelaufene Gesicht geschrieben. „Findest du deine Mama nicht mehr? Komm, wir gehen zu einer Kasse, da lassen wir dich ausrufen – wie heißt du denn? –, und wenn deine Mama das hört, dann kommt sie ganz schnell angelaufen!", versucht eine andere Kundin, die durch das laute Weinen aufmerksam geworden ist, Patrizia zu trösten. Diese wimmert weiter, und just nachdem die Kundin von einer Verkäuferin erfahren hat, wohin sie sich wenden müssen, um Patrizia ausrufen zu lassen, kommt auch Patrizias Mama angeschlendert – sofort stürzt sich die Tochter in ihre Arme, jetzt gibt es endgültig kein Halten mehr, und der ganze Schreck will weggeheult sein. Die Mama nimmt Patrizia auch ganz lieb in den Arm und sagt: „Warum weinst du denn? Es ist doch gar nichts passiert!"

Objektiv gesehen ist wirklich nicht viel passiert – die Mutter war höchstens vier Minuten „weg" – aber subjektiv sieht die Tochter das ganz anders: Sie ist noch zu klein, um den Raum überblicken zu können und allein unter wildfremden Menschen, sie kennt den Weg nach Hause nicht und fragt sich, ob sie jemals in ihrem ganzen Leben die Mutter wieder finden wird. Das wäre auch für Erwachsene etwas sehr Schlimmes: mutterseelenallein auf der Welt zu sein und den Weg nach Hause nicht mehr zu finden.

Entwicklungspsychologen sagen uns: Das Wichtigste, was ein Kind braucht – nicht nur in solchen Situationen –, ist Verständnis und Anerkennung. Das bedeutet: „Ich nehme wahr, was du fühlst, und ich versuche zu verstehen, warum du so fühlst. Und ich mag dich *so*, wie du *bist* – auch wenn ich manchmal nicht alles, was du *tust*, gutheißen kann."

Wahrzunehmen, was ein Kind fühlt – was hätte das im Beispiel oben bedeutet? Vielleicht, dass die Mutter, die ihr Kind in den Arm nimmt, zunächst einmal gar nichts gesagt hätte, es nur gehalten und gewartet hätte, ob das Kind ihr etwas sagen will. Oder sie hätte gefragt: „Was war denn los?" Vielleicht hätte ihre Tochter irgendwann gesagt: „Ich hatte so eine Angst, dass ich dich nie wieder finde!" Dann hätte die Mutter versuchen können, sich in das Mädchen hineinzuversetzen, und vielleicht hätte am Ende die Erkenntnis gestanden: „Das ist wirklich schlimm, was du da durchgemacht hast, ich verstehe, dass du große Angst haben musstest – gut, dass wir uns jetzt wieder haben!" Später vielleicht hätte die Mutter dem Kind erklären können, was in so einem Fall zu tun ist.

Was empfindet ein Kind, dem umgekehrt bedeutet wird, dass doch gar nichts passiert sei – auch wenn dies eigentlich nicht direkt böse gemeint ist? Es fühlt: „Meine Verzweiflung, meine Angst – das war nicht in Ordnung von mir. Ich stelle mich an, mache Theater. Meiner Mama ist das hier peinlich vor allen Leuten; ich bin peinlich." Vielleicht schämt es sich. Zu guter Letzt fühlt es sich vermutlich schuldig an der ganzen Sache – es übernimmt die Verantwortung für etwas, für das es nichts kann, und es bekommt ein schlechtes Gewissen wegen der Aufregung, die es verursacht hat. Das betreffende Kind traut sich unter Umständen aus Angst, belächelt oder gar ausgelacht zu werden, gar nicht mehr zu sagen: „Ich hatte so eine Angst, dass ich dich nicht mehr finde!" Denn in den Augen seiner Mutter ist ja nichts Schlimmes passiert – außer dass es ihr unangenehm war, dass einige Leute auf sie beide aufmerksam wurden.

Was hat diese Geschichte mit Selbstwertgefühl und schlechtem Gewissen zu tun? Nun: Patrizias Selbstwertgefühl hat dadurch, dass ihre Mutter nicht wahrgenommen hat, warum es ihr so ging, wie es ihr nun mal ging, einen Knacks bekommen. Solche „Knackse" sind nicht irreparabel – im Gegenteil: Menschen brauchen auch unangenehme Erfahrungen, um zu lernen, den eigenen Kräften zu vertrauen, unabhängig zu werden. Nur: Es sollte nicht die Regel sein, dass Kinder emotional nicht stimmig „gespiegelt" werden, die Bezugspersonen sich also nicht einfühlen und ausdrücken („spiegeln"), was das Kind fühlt. Sonst entstehen Selbstzweifel, Unsicherheit, ein Mangel an Selbstwertgefühl – und das permanent schlechte Gewissen, irgendwie „nicht richtig" zu sein.

Wenn ein Kind regelmäßig Erfahrungen wie die oben beschriebene macht, kann es kein Gefühl dafür ausprägen, wann tatsächlich eigene Schuld vorliegt und wann nicht – es übernimmt automatisch *immer* die Schuld.

Weil das Selbstwertgefühl etwas so Essentielles ist, befassen wir uns noch ein bisschen mehr damit: Der Brockhaus beschreibt es als eine „emotionale Qualität, in der es um die Wertschätzung der eigenen Person" geht und als das Gegenteil von „Minderwertigkeitsgefühl". Es wird als eine Art innerseelischer Puffer oder Speicher beschrieben, der gefüllt oder geleert wird durch Erfahrungen im Elternhaus, in der Schule, der Ausbildung, in Liebesbeziehungen ... Man könnte das Selbstwertgefühl auch als eine Art „seelisches Immunsystem" bezeichnen (vgl. Der Brockhaus Psychologie, 2001, S. 421).

„Ich bin etwas wert, einfach weil ich bin!" – das bedeutet „Selbstwertgefühl". Hat man ein stabiles Selbstwertgefühl, dann muss man nicht in jeder Situation mit anderen konkurrieren und den eigenen Wert beweisen, indem man andere abwertet oder kränkt. Probleme, die in jedem

Leben nun mal vorkommen, werden nicht immer gleich als Katastrophe gedeutet, als Bedrohung der eigenen Daseinsberechtigung. Im Gegenteil: Menschen mit einem guten Selbstwertgefühl empfinden Probleme durchaus auch als Herausforderung, eine Krise als Chance.

Selbstvertrauen wird oft mit Selbstwertgefühl gleichgesetzt, aber der Akzent liegt bei diesem Begriff auf etwas anderem: auf dem Vertrauen in die eigene Leistung, die eigenen Stärken, die Möglichkeiten, Beziehungen aufzubauen. Selbstvertrauen wird gefördert, wenn man Kinder ermutigt, sich einzusetzen, eine Aufgabe zu bewältigen oder sich sportlich zu betätigen. Dabei sollte man darauf achten, dass die Kinder nicht das Gefühl entwickeln: „Ich bin das wert, das ich leiste!" Die Leistungsfähigkeit eines Menschen zu fördern ist eine gute Sache – solange man ihm auch vermittelt: „Du bist etwas wert, völlig unabhängig von dem, was du leistest!"

Auch der Begriff „Selbstbewusstsein" fällt in diesem Zusammenhang oft: Im eigentlichen Sinne meint er laut Brockhaus das im Ich zentrierte Bewusstsein des Menschen von seinen eigenen Zuständen, seinen Erlebnissen und seiner Wahrnehmung, seinem Denken, Fühlen, Wollen. Umgangssprachlich wird er oft als Synonym für Selbstvertrauen oder auch Selbstwertgefühl verwendet. Wesentlich dabei ist, wie weit das Bild, das man von sich selbst hat, mit der Realität übereinstimmt und wie weit ein stabiles Identitätsgefühl besteht. Wenn man ein stabiles Selbstwertgefühl hat, dann hat man meist keine Probleme mit dem Selbstvertrauen – der Umkehrfall gilt aber nicht so einfach! Das Selbstwertgefühl ist der Grundton jeder psychischen Existenz.

Lebensängste, Depressionen, Leistungsangst, Prahlerei, grenzenlose Selbstaufopferung, Unterordnung, Drogen-, Medikamenten-, Alkoholmissbrauch, Aggressivität, Essstörungen ... und natürlich auch Schuldgefühle und das Gefühl, es immer allen recht machen zu müssen, um „jemand zu sein" ... die Liste der Auswirkungen eines Mangels an Selbstwertgefühl ist leider lang. Die gute Nachricht lautet jedoch: Man kann zeitlebens an seinem Selbstwertgefühl arbeiten. Es ist nicht ein für alle Mal festgeschrieben – es kann sich entwickeln.

„Das macht mir doch nichts aus!" – „Wirklich nicht?": Authentizität und schlechtes Gewissen

Ein winziges deutsches Dorf in den 20er-Jahren. Eine junge Frau im Mantel betritt die Küche eines bürgerlichen Wohnhauses, am Küchentisch sitzen ihre Mutter und ihr Vater. Die junge Frau hat sich so in Schal und Hut eingemummt, dass nur ihr Gesicht zu erkennen ist. „Da, ich hab' euch etwas mitgebracht", meint sie, lächelt verschmitzt und legt ein längliches Päckchen auf den Küchentisch. Die Eltern wickeln es aus – und erstarren vor Schreck: In dem Geschenkpapier liegt ein langer, blonder Zopf – der Zopf, den ihre jüngste Tochter heute Morgen, als sie aus dem Haus ging, noch trug. Jetzt ist er ab. Die Mutter beginnt zu weinen. Die Tochter wird nun auch unsicher – solch heftige Reaktionen hatte sie nicht erwartet. Aber nach kurzer Zeit ist sie sich wieder sicher, dass es die richtige Entscheidung war, die mädchenhaften Zöpfe abschneiden zu lassen und nun einen modischen Bubikopf zu tragen – denn die alte Frisur war einfach mit dem Bild, das sie sich von sich machte, nicht mehr vereinbar, sie passte nicht mehr zu ihr. „Ich habe nicht erwartet, dass meine Eltern das so mitnimmt mit dem Päckchen", meinte sie später. „Wenn ich das geahnt hätte, hätte ich das natürlich nicht gemacht und es ihnen schonender beigebracht!" Als junge Frau, die selbst noch keine Kinder hatte, war sie sich auch in keiner Weise der symbolischen

Tragweite bewusst, die das „Zöpfe-Abschneiden" für Eltern haben kann. Die Mutter hat natürlich nicht nur über den Verlust der Haare geweint – in diesem Moment wurde ihr vielmehr schlagartig bewusst, dass ihre Jüngste nun kein kleines Mädchen mehr war, sondern eine junge moderne Frau, die mit der Zeit ging – und die mit der Zeit auch ihr bisheriges Zuhause verlassen würde.

An diesem Beispiel wird klar: Manchmal tut man Menschen weh, muss man Menschen weh tun, um sich selbst nicht zu verleugnen. Es geschieht nicht aus böser Absicht heraus – aber es gibt Entwicklungen, Veränderungen im Leben, die notwendig sind, und diese müssen andere Menschen akzeptieren.

Sich selbst nicht verleugnen, echt sein, authentisch sein – was bedeutet das eigentlich? Und was hat es mit schlechtem Gewissen zu tun?

Unsere These lautet:

Wer aus Angst vor schlechtem Gewissen oft seine wahren Gefühle verbirgt, läuft Gefahr, an Authentizität zu verlieren. Beziehungen leiden darunter, wenn Gefühle nicht ehrlich mitgeteilt werden können!

„Authentikós" ist griechisch und heißt „eigenhändig".

Fällt Ihnen eine Person ein, die sie als „echt" bezeichnen würden? Einen oder eine Ihrer früheren Lehrer oder Lehrerinnen? Ihre Großmutter?
Was macht diese Person aus?
Wirkt sie eher anziehend oder unsympathisch?

Im Allgemeinen werden diejenigen Menschen als „authentisch“ erlebt, von denen man den Eindruck hat, dass ihre Gefühlsäußerungen tatsächlich mit ihren wahren Gefühlen übereinstimmen, dass sie keine Maske tragen und dass ihr freundliches Verhalten nicht nur aus Höflichkeit geschieht. Bei ihrem Lachen lachen auch die Augen mit und die Mundwinkel fallen danach nicht plötzlich herunter, und bei ihrem Weinen hat man nicht das Gefühl, dass man durch diese Tränen manipuliert werden soll. Zu diesen Menschen fasst man leicht Vertrauen, weil man weiß, woran man mit ihnen ist.

Der Weg, eine „echte“ Persönlichkeit zu werden, führt nur über die **Selbstannahme**. Was bedeutet das? Bedeutet es zu sagen: „Tja, so bin ich halt, da kann man nichts machen, ihr müsst mich halt so nehmen, wie ich bin?“ Natürlich nicht. Selbstannahme bedeutet zunächst einmal, ganz nüchtern zu sagen: „Ja, so ist es. Dies sind meine Schwächen. Aber ich habe auch Stärken, die mit diesen Schwächen einhergehen. Und es muss nicht alles so bleiben, wie es ist. Veränderung ist möglich.“

„Ach, das war mir eh' nicht so wichtig …“
„Ist schon gut, ich komm' schon klar damit …“
„Das macht mir eigentlich gar nichts aus …“

Kennen Sie solche Sätze?
In welcher Situation haben Sie sie das letzte Mal gesagt?
Was für ein Gefühl war mit ihnen verbunden?

Selbstannahme bedeutet, „Ja“ zu seinen eigenen Gefühlen zu sagen. Noch einmal: „Was da ist, darf da sein!“ Dazu gehört auch, sich unangenehme Gefühle einzugestehen – wenn man erfährt, dass alle schon wissen, dass die Freundin zum dritten Mal schwanger ist, nur einem selbst hat es noch niemand gesagt („Das macht mir eigentlich gar nichts aus …"). Wenn der Kollege, der noch gar nicht lange dabei ist, jetzt schon auf einen Posten befördert wird, auf den man selbst schon lange heimlich spekuliert hat („Ach, das war mir eh' nicht so wichtig!"). Wenn es dieses Ziehen in der Herzgegend gibt, wenn der Partner sich lange und angeregt mit der bestaussehenden Frau auf der ganzen Party unterhält („Ich komm' schon klar damit!").

Ist das wirklich so – ist alles in Butter? Oder macht man sich in solchen Momenten nicht selbst etwas vor? Ist man echt und ehrlich sich selbst gegenüber?

Wenn man sich Gefühle und Verhaltensweisen nicht eingesteht – wie soll man dann an ihnen arbeiten? Das ist unmöglich. Dieser Teil des Weges zur Veränderung kann mühsam sein. Es ist nie schön, sich bewusst zu machen, dass man Gefühle hat, die niemand gerne zugibt – Eifersucht, Neid, Ärger, Hass, Wut, Hilflosigkeit, Einsamkeit. Oder dass man Fehler gemacht hat, dass das Selbstbild, das man von sich hat, nicht mit der Realität übereinstimmt. Aber: Dieses schöne Bild aufrechtzuerhalten hat viel Kraft gekostet. Unbewusst hat man schon längst gemerkt, dass etwas nicht stimmt. Und es gibt kaum etwas Befreienderes, als zu sagen: „Damit ist jetzt Schluss! Die Energie, die ich gebraucht habe, um es allen recht zu machen, Konflikte zu vermeiden und mich selbst zu verleugnen, die investiere ich jetzt woanders: die nutze ich, um eine echte Persönlichkeit zu werden, bei der man weiß, woran man ist!"

Zur Selbstannahme gehört auch, dass man aufhört zu überlegen, wieviel besser im Leben es einem ergangen wäre, hätten die Eltern einem Klavierstunden ermöglichen können/einen nicht so prüde erzogen/einem nicht diesen unbedingten Leistungswillen und Perfektionismus eingeimpft usw. Die eigene Lebensgeschichte anzunehmen – auch das kann sehr anstrengend sein. Manchen Menschen scheint es im Leben so viel besser zu ergehen als anderen, vieles sieht so ungerecht aus – nur: Wem nützt es, wenn man weiterhin grübelt: „Hätte ...“, „Wäre nur nicht ...“, „Eigentlich ...“? Es ändert sich dadurch ja nichts mehr. Man muss in die Vergangenheit schauen, um zu verstehen, was passiert ist und in der Gegenwart manches so ist, wie es nun einmal ist. Aber man sollte nicht in der Vergangenheit hängen bleiben.

Um authentisch, in Übereinstimmung mit sich selbst leben zu können, sind gute Beziehungen unerlässlich – zum Partner, zu Kindern, Freunden, Kollegen, Nachbarn (nicht zu allen auf einmal! Ein paar reichen schon!). Wie erreicht man gute Beziehungen? Auch darüber, dass man bestimmten Personen gegenüber ehrlich seine Gefühle ausdrückt. Wie gelingt einem das? Indem man sich klar macht: Das Risiko, das ich eingehe, wenn ich mich jemandem öffne, ist, verletzt zu werden, ja, beschämt zu werden. Vielleicht geht der oder die Betreffende mit mir nicht mit der gleichen Offenheit um. Vielleicht findet er oder sie es lächerlich, was ich erzähle. Aber: Um gute Beziehungen zu schaffen, führt kein Weg daran vorbei. Die Angst, ob der andere einen annehmen wird, so wie man ist, teilen wir mit allen anderen Menschen. Niemand weiß zu 100 Prozent im Voraus, ob sich eine Freundschaft – oder auch Achtung – entwickeln wird aus der eigenen Ehrlichkeit. Aber ist es nicht gut zu wissen, was einem Angst macht? „Es ist nichts Vages und Unbestimmtes, es ist [die Angst vor] Scham“, schreibt Nichols (1994, S. 24). Je größer unser Selbstwertgefühl, desto leichter gelingt es uns, authentisch, echt zu sein, wir selbst zu sein, ohne faule Kompromisse. Je authentischer wir sind, desto leichter ist es, echte Beziehungen aufzubauen. Und wie erreicht man Selbstwertgefühl? Indem man Brücken zu anderen Menschen baut, die das Ich unterstützen und bestätigen. Das eine bedingt das andere! Man muss an dieser Stelle sein Herz, wie ein Springreiter, schon im Voraus über die Hürde werfen und dann hinterher springen. Wenn man es schafft, seine Vermeidungsgewohnheiten aufzubrechen, sich seiner Angst vor Scham zu stellen, dann ist man auf dem Weg zu einem erfüllten und aufrichtigen Leben.

Hannah, 38 Jahre:

„Nach der Geburt meines dritten Kindes gab es eine Zeit, in der ich sehr unzufrieden war. Das dritte Kind war ein richtiger Schreihals und oft krank – ich fühlte mich körperlich und psychisch oft am Ende. Als das erste Jahr vorüber war und ich langsam wieder körperliche Kräfte tanken konnte, merkte ich, dass es mir psychisch nun erst recht nicht gut ging. Ich sah in meinem Beruf als Übersetzerin keine Perspektive mehr, weil ich mir nicht vorstellen konnte, jemals wieder Zeit dafür zu haben. Ich war deprimiert und, wie ich jetzt im Nachhinein feststelle, nicht ohne Selbstmitleid. Das Schlüsselerlebnis für mich war, als mein Mann einen Geschäftskollegen aus Indien samt seiner Frau und ihrem Kind zum Essen bei uns einlud – etwas, das ich befürwortet hatte, denn ich war immer kontaktfreudig gewesen und wollte mich gerne mal wieder in meiner Übersetzersprache Englisch unterhalten. Am Tag der Einladung aber hatte ich nicht das Gefühl, alles schaffen zu können – die drei Kinder zu versorgen, das Haus ordentlich herzurichten und noch ein besonderes Mahl zu kochen – ich wusste, dass die Gäste kein Schweine- und kein Rindfleisch aßen und dass in Indien mindestens eine Handvoll verschiedener Speisen auf dem Tisch stehen musste, um die Gäste entsprechend zu würdigen … Am späten Vormittag klappte ich heulend zusammen und rief meinen Mann an mit der Bitte, die Einladung abzusagen. Danach ging es mir

schlagartig besser, aber ich wunderte mich darüber, wie wenig ich vorher wahrgenommen hatte, wie sehr mich diese Geschichte belastete! Ich fing an darüber nachzudenken, wie wenig ich eigentlich noch wusste, was ich wirklich wollte – und wie viel ich anderen zuliebe tat, nur um ihnen gegenüber kein schlechtes Gewissen haben zu müssen. Mir fiel auf – nur als ein Beispiel unter vielen! – dass ich abends, wenn der Kleine besonders müde und knatschig war, nicht einmal mehr das auf mein Brot tat, was ich mochte, sondern das, was in meiner nächsten Nähe stand – nur damit ich mich schnell wieder dem schreienden Kind zuwenden konnte. Mir wurde bewusst, dass ich alles perfekt machen wollte – als Mutter, als Gastgeberin usw. Es tat weh, das festzustellen. Nach einiger Zeit aber luden wir die indische Familie noch einmal ein – ich scheute mich nicht Kuchen aufzutischen, den meine Mutter gebacken hatte, das Putenfleisch fand großen Anklang, aber ich riss mir nicht zwei oder drei Beine aus dafür! – und es wurde eine ausgesprochen nette Begegnung. Seither bemühe ich mich immer genau hinzuhören, wenn sich ein ungutes Gefühl in meinem Bauch regt – und zwar schon ganz am Anfang, nicht erst, wenn ich kurz vor dem Zusammenbruch stehe! Und einen Effekt hat das, mit dem ich nie gerechnet hätte: Seit ich meine negativen Gefühle bewusst wahrnehme, kann ich die positiven Erlebnisse noch viel mehr genießen! Wenn ich zum Beispiel mit den Kindern auf dem Wohnzimmerteppich „Kampfschmusen" spiele und wir uns dabei halb kaputt lachen, war früher immer so eine Stimme in mir, die fragte: „Findest du das wirklich lustig? Geht's dir wirklich gut?" Sie hat mir immer einen Stich versetzt. Ich frage mich jetzt immer noch, ob's mir gut geht – aber eben dann, wenn ich ein ungutes Gefühl habe – dem versuche ich mich dann zu stellen! Und damit hat das spontane Fragen in den wirklich schönen Momenten aufgehört. Es hat sich verschoben – dahin, wo es wirklich hingehört. Und die glücklichen Momente sind wirklich nur glückliche Momente ohne Nadelstiche."

Hannah spricht einen weiteren Aspekt an, der in diesem Zusammenhang wichtig ist: Wenn wir wahrnehmen, was wir denken und fühlen, dann können wir das entwickeln, was man gemeinhin als „Intuition" bezeichnet: ein spontanes Erfassen und Beurteilen von Situationen, bei dem alle unsere Erfahrungen und unser Wissen eine Rolle spielen, ohne dass uns das so recht bewusst ist: Wir erkennen intuitiv, ob uns jemand durch seine Tränen manipulieren und uns ein schlechtes Gewissen machen will. Wir erkennen, ob „Mach du das doch, du kannst das doch so gut!" ehrlich gemeint ist, wenn es darum geht, den Skiausflug mit den Kollegen zu organisieren, oder ob einem nur eine ungeliebte Aufgabe zugeschoben werden soll.

Vielleicht könnte man Intuition, die ja auch als „sechster Sinn" bezeichnet wird, als „relativ vorurteilsfreien Realitätssinn" bezeichnen: Weil wir selbst authentisch sind und nichts bei uns oder anderen durch die rosarote Brille betrachten müssen, tun wir uns bedeutend leichter damit, die Realität so „objektiv" zu sehen, wie sie ist (mit der Einschränkung, dass es genau genommen keine objektive Realität gibt).

Wer sich seiner eigenen Würde und seines Wertes bewusst ist – einfach, weil alle Menschen die gleiche Würde und den gleichen Wert haben! –, der kann auch mit anderen mitfühlen. Es ist eben nicht so (wie besonders Frauen häufig vorgeworfen wird), dass „Selbstverwirklichung" unweigerlich dazu führen muss, dass man die Not anderer nicht mehr wahrnimmt. Man lernt jedoch auch, sich abzugrenzen.

Wenn man es gelernt hat, sich so anzunehmen, wie man ist, mit Fehlern, aber auch mit Stärken – und voller Entwicklungsmöglichkeiten! – dann ist man auf manche „Krücke", die einem bisher Halt gegeben hat, nicht mehr so stark angewiesen: auf Statussymbole wie ein teures

Auto und die neuesten trendigen Klamotten zum Beispiel. Auf 100 Prozent Sicherheit. Auf das Gefühl, etwas Besonderes sein zu müssen, leisten zu müssen – und damit verbunden: auf Anerkennung von außen. In dem Maße, wie ich mir selbst Anerkennung zolle, schrumpft das Maß an Anerkennung, das ich von außen brauche, um mich als wertvoll zu erleben. Und in diesem Maße schrumpft auch das Gefühl, es immer allen recht machen zu müssen – und die Einsicht wächst, dass das einfach unmöglich ist.

An unserem schlechten Gewissen sind nie nur die anderen schuld

In den folgenden Abschnitten widmen wir uns detailliert dem Zusammenhang von unterschiedlichen Gefühlszuständen und schlechtem Gewissen.

Gefühle sind immer im Spiel – auch wenn es sich um schlechtes Gewissen handelt. Wir haben inzwischen gelernt, dass Gefühle (außerhalb von Hunger, Durst und Schmerzen) keine eindeutigen Fingerzeige darauf sind, wie unsere Wirklichkeit aussieht. Das mag Sie verwundern, weil Sie bisher dachten, Gefühle sind ja wirklich da, also sind sie sichere Indikatoren für eine Situation. In gewisser Weise sind sie das, andererseits aber auch wieder nicht. Gefühle sind eben nur das, was sie sind – Empfindungen. Viele Menschen verwechseln ihre Befindlichkeit mit Wahrheit oder Wirklichkeit. Gefühle sind kein Beweis für die Realität. Sie spiegeln lediglich Ihre Bewertung einer Situation wider. Sie fühlen sich so, wie Sie denken. Sie könnten auch anders denken.

Also müsste die nächste Frage lauten: Muss ich so fühlen, wie ich mich fühle oder gäbe es nicht auch andere Möglichkeiten? Natürlich müssen Sie nicht. Das gilt natürlich nur für die Gefühlszustände, die Sie selbst gerne los wären. Wenn Sie sich z. B. dauerhaft mies und defizitär fühlen, dann brauchen Sie gute Strategien, um an einen anderen Gefühlszustand wieder anknüpfen und aus dieser neuen Perspektive nach Lösungen suchen zu können.

Hier helfen Fragen nach Ressourcen: „Was läuft und lief bisher eigentlich wirklich gut?“ oder die so genannte „Worst-case-Frage“: „Was könnte schlimmstenfalls passieren?“ (Wenn Sie selbst bei sich wahrnehmen, immer wieder und längerfristig in negative Gefühlszustände zu geraten und darin zu verharren, obwohl Sie sich bemühen, auf andere Gedanken zu kommen, könnte das ein deutliches Zeichen dafür sein, dass Sie professionelle therapeutische Hilfe benötigen.)

Gefühle sind Folgen unserer Gedanken und als solche von uns selbst als Träger der Gedankenzentrale (Gehirn) wählbar. Wir entscheiden – unbewusst, halbbewusst und auch bewusst – darüber, welchen Gedanken wir zulassen, der eine bestimmte Gefühlsbotschaft an uns aussendet. Wenn Sie sich also schlecht fühlen oder ein schlechtes Gewissen haben, dann ist das nicht die Wahrheit aufgrund einer gegebenen Situation, sondern Sie haben sich (im Falle des schlechten Gewissens nahezu immer) unbewusst dafür entschieden.

Wenn sie Lust haben, laden wir sie zu folgender Übung ein:

Stellen Sie sich vor, Sie haben vier Millionen Euro im Lotto gewonnen und Ihre geliebte Freundin/Ihr geliebter Freund hat Sie heute verlassen.
Nehmen Sie sich eine Minute Zeit und achten Sie auf Ihre Gefühle! Was nehmen Sie für sich persönlich wahr? Was steht im Vordergrund? Welches Gefühl können Sie spüren?

Viele beschreiben nach dieser Übung als erste Reaktion: „Das geht gar nicht!“ Einige äußern, dass sie sich für die traurige Nachricht entschieden haben und sich danach schockiert und betroffen gefühlt haben. Es gibt auch diejenigen, die aussagen, sie hätten sich für den Lottogewinn entschieden und den zweiten Teil der Übung weggedrückt. Dann konnten sie Freude spüren. Was bei allen Aussagen gemeinsam ist, ist die Unfähigkeit, gleichzeitig zwei so unterschiedliche Gefühle wahrnehmen zu können. Wir können nicht vor Glück schier platzen und gleichzeitig über eine Sache todtraurig sein. Das sollte uns zu denken geben:

1. Wir entscheiden uns für ein Gefühl; hier grob: schlecht oder gut.
2. Nicht die Situation bestimmt unser Empfinden, sondern letztlich unsere eigene Auswahl.
3. Fühlen wir uns negativ, können wir nicht davon ausgehen, dass die Situation für sich „in Wahrheit“ negativ war.

Wer außer Ihnen selbst ist der Chef Ihrer Befindlichkeit? Denken und Fühlen vermischen sich in unserer Wahrnehmung so undurchschaubar, dass wir selbst glauben, zuerst sei die Situation dagewesen und dann das „passende“ Gefühl. Auf die Idee, dass die Situation rein gar keinen Einfluss auf Ihre Gefühle haben kann, wenn Sie das nicht zulassen, kommen die wenigsten.

Wenn wir uns bewusst für ein Gefühl entscheiden, dann können wir uns auch bewusst dagegen entscheiden.

Das schauen wir uns jetzt unter dem besonderen Aspekt „schlechtes Gewissen“ genauer an:

(a) Frau Beliebig bekommt einen Anruf von ihrer besten Freundin Frau Beleidigt, die verkündet, dass sie schon längere Zeit auf einen Rückruf gewartet habe.

(b) Frau Beliebig hört die nicht erfüllte Erwartung ihrer Freundin und speichert diese auch als solche ab.

(c) Sie bekommt ein schlechtes Gewissen und fühlt sich „beschuldigt".

(d) Frau Beliebig beginnt sich für ihr Versäumnis zu entschuldigen.

(e) Frau Beleidigt fühlt sich in ihrer Wahrnehmung, dass Frau Beliebig sich hätte melden müssen, bestätigt.

(f) Frau Beliebig manövriert sich in Ausreden hinein, macht Vorschläge, die sie später in neue Bedrängnis bringen könnten, fühlt sich eher „reaktiv" als „aktiv".

(g) Beide einigen sich auf ein Treffen in naher Zukunft und Frau Beliebig tut so, als freue sie sich riesig darauf – gleichzeitig verspürt sie Stress wegen der neuen Vereinbarung.

Kennen Sie solche Szenen auch?

Wie würde sich die Szene abspielen, wenn Frau Beliebig den Auftrag des schlechten Gewissens nicht annehmen würde?

(a) Frau Beliebig bekommt einen Anruf von ihrer besten Freundin Frau Beleidigt, die verkündet, dass sie schon längere Zeit auf einen Rückruf gewartet habe.

(b) Frau Beliebig freut sich über Frau Beleidigts Anruf und sagt das auch.

(c) Frau Beleidigt registriert, willkommen zu sein und wiederholt etwas abgeschwächt, nun schon längere Zeit auf einen Rückruf gewartet zu haben.

(d) Frau Beliebig zeigt Verständnis und berichtet, was sie alles inzwischen erlebt hat. „Ich kann dich gut verstehen, aber du glaubst gar nicht, was bei mir in letzter Zeit so los war ...“

(e) Frau Beliebig hat kein schlechtes Gewissen bekommen und freut sich, endlich Zeit zu haben, ihrer Freundin das Neueste mitzuteilen.

(f) Frau Beleidigt verabschiedet nun endgültig ihren Vorwurf, weil sie sich verstanden fühlt und sie an ihrer Wahrnehmung nicht weiter festhalten muss.

(g) Frau Beleidigt denkt: „Das habe ich mir aber wirklich sehr zu Herzen genommen, ich hätte ja auch früher anrufen können.“

(h) Frau Beliebig äußert dann, dass sie die nächsten zwei Wochen keine „Freizeit“ habe, aber danach sehr gerne mit Frau Beleidigt ausgehen wolle.

(i) Frau Beleidigt fühlt, dass Frau Beliebig sich für sie interessiert und ihr Möglichstes für die Beziehung einbringt.

(j) Beide Frauen verabschieden sich mit dem guten Gefühl, gleich „aktiv“ gewesen zu sein.

Das Beispiel zeigt, dass wir im Grunde immer Wahlmöglichkeiten haben. Und wenn wir uns in Situationen befinden, in denen wir das Gefühl haben, nur noch reaktiv und defizitär auftreten zu können, haben wir diese Situationen auch selbst mitgesteuert und mitgestaltet. Nicht die Situation macht uns ein schlechtes Gewissen, sondern wir nehmen den Auftrag, ein schlechtes Gewissen zu haben, an. Wir könnten das, wenn es uns bewusst ist, auch bleiben lassen.

Wie könnte Ihr inneres Drehbuch lauten in Bezug auf Ihr schlechtes Gewissen? Überdenken Sie Situationen, die Ihnen vertraut sind und Ihnen ein schlechtes Gewissen machen. Wie in unserem Beispiel von Frau Beliebig und ihrer Freundin Frau Beleidigt können Sie den typischen Verlauf Ihrer Gewissensgespräche wie ein Drehbuch in Echtzeit aufzeichnen. Lassen Sie sich jede einzelne Äußerung langsam auf der Zunge zergehen und achten Sie darauf, wer auf wen wie reagiert. Wo erkennen Sie Vorwürfe (verdeckt oder offen), Erwartungshaltungen, Mahnungen, geäußerte Verpflichtungen? Wie endet das Gespräch – mit welchem Grundgefühl für jeden Teilnehmer?

Dann schreiben Sie Ihr Drehbuch so um, dass das Gespräch einen idealerweise für beide Seiten zufriedenstellenden Verlauf nimmt. Sorgen Sie dafür, dass Sie selbst in einem guten und balancierten Zustand bleiben.

Machen Sie es sich zur Regel, keine Aussagen, Zugeständnisse und Entscheidungen unter Druck zu treffen. Bitten Sie im Zweifelsfall einfach um eine kurze Bedenkzeit. Vergessen Sie nicht: Im Wort „Erwartung" steckt auch das Wort „warten".

„Volltreffer!": typische Bemerkungen, die ein schlechtes Gewissen auslösen

Menschen, die anderen ein schlechtes Gewissen machen, erwarten von der Verhaltensanpassung ihrer Adressaten einen indirekten oder direkten eigenen Vorteil. Der Vorgang hat in den meisten Fällen keinen bewussten, absichtsvoll geplanten Hintergrund. Viel mehr steht die Befriedigung eigener Bedürfnisse im Vordergrund.

Tipp:
Es lohnt sich, genauer hinzuhören, wenn Sie mit Menschen konfrontiert sind, die Ihnen ein schlechtes Gewissen bereiten. Fragen Sie nach:

„Was willst du denn wirklich von mir? Bitte sage mir deutlich, was du von mir erwartest, dann gibst du mir die Chance, mich offen und ehrlich zu deinen Erwartungen zu äußern."

Schauen wir uns einige Beispiele aus dem Alltag an:

„Ich war immer für dich da ....!"

Elsa, 68 Jahre, wohnhaft in einem kirchlichen Altenheim, verwendet diesen Satz regelmäßig ihrer Tochter Gerda gegenüber am Telefon und wenn diese sie besucht. Gerda verabschiedet sich nach einer Stunde freundlich von ihrer Mutter, fühlt sich sehr schlecht und verspricht, so bald wie möglich wieder zu kommen. Das gelingt ihr aber immer seltener. Überstunden, Termine und ihre schwierige Beziehung zu Horst stehen häufigeren Besuchen im Altenheim entgegen.

Was will Elsa mit ihrer Aussage („Ich war immer für dich da ...!") erreichen? Wir haben auf diese Frage folgende Antwort erhalten: „Ich möchte nicht in diesem Altenheim lebendig begraben sein, Gerda soll mich zu sich nehmen. Das ist ihre Pflicht! Aber sagen kann ich das nicht direkt! Das will ich einfach nicht! Gerda muss das von alleine bemerken. Sie könnte mich ja fragen!"

Elsa äußert ihre echten Erwartungen nicht. Sie befürchtet die Ablehnung ihrer Tochter und kann ihren Stolz nicht überwinden. Indirekt versucht sie, ihrer Tochter ein schlechtes Gewissen zu bereiten. Was erreicht Elsa dadurch? Gerda fühlt sich mies und besucht ihre Mutter immer seltener.

Wie könnte Elsa das Ruder noch herumreißen? Es bliebe der Weg offener ehrlicher Kommunikation über ihre wahren Beweggründe und einer Entschuldigung dafür, ihrer Tochter ein schlechtes Gewissen gemacht zu haben. Dazu war Elsa auch nach unserem Gespräch nicht bereit. Das Verhältnis zu ihrer Tochter hat sich folgerichtig zunehmend verschlechtert. Elsa leidet sehr an ihrer Einsamkeit.

„Ich war immer für dich da!" Können Sie es hören? Hinter diesen Worten steckt ein Hilferuf nach Zuwendung. „Nun musst du für mich da sein." Wenn Sie Adressatin oder Adressat dieser Aussage sind, dann liegt die Entscheidung, der Erwartung Ihres Gegenübers gerecht zu werden, immer noch in Ihrem eigenen Verantwortungsbereich. Es nützt nicht viel, sich über die Aussage aufzuregen und die Person zu kritisieren. Im Grunde sind Sie doch auch der Meinung, dass Bedürfnisse zu formulieren wichtig ist. Sie werden immer wieder mit Menschen konfrontiert werden, die Ihnen mit konkreten inneren Wünschen an Sie ein schlechtes Gewissen machen. Werden Sie hellhörig und fragen Sie nach:

„Was ist es genau, was du mir in diesem Moment mit deiner Anmerkung wirklich sagen willst?"

Versuchen Sie ein, zwei Mal diese Frage zu stellen und fragen Sie sich dann, wie die entsprechenden Situationen verlaufen wären, wenn Sie nicht nachgefragt hätten. Dann haben Sie Zugang dazu, was den Unterschied ausmacht:

Wer für sich selbst immer wieder klar machen kann: „Für was bin ich wirklich verantwortlich?", kann bewusster mit seinen Kapazitäten haushalten. Solche Menschen sind weniger in der Gefahr, aus Gründen der Konfliktvermeidung „Jobs" anzunehmen, die über die eigene Belastbarkeit hinausgehen und dann häufig dem Bedürftigen keine echte Freude bereiten. Ihr Gegenüber spürt, dass Sie eher aus Pflichtgefühl als aus echter Zuwendung und Freude handeln. Ist das eine gute Beziehungsebene, die langfristig belastbar und ausbaufähig ist?

Es kann auch sein, dass Sie gerne Zuwendung geben wollen, aber aufgrund Ihrer momentanen Situation nicht in der Lage dazu sind. Dann raten wir Ihnen, Ihr Dilemma offen mitzuteilen, damit Ihr Gegenüber Einblick in Ihre Situation erhält. Was diese/r dann daraus konstruiert, darauf haben Sie wiederum keinen Einfluss.

„Wenn du mich liebst, dann ..."

... würdest du von alleine merken, dass ich bereits in den Adventstagen auf deinen Anruf gewartet habe!" Hilde, 36 Jahre, liiert mit Sven, 39 Jahre, allein erziehendem Vater von zwei Söhnen, 9 und 6 Jahre, zitierte uns ihre Äußerungen im Nachhinein, weil es ihr Leid tat, dass Sven wegen dieser Sache immer noch sauer auf sie war. Auf unsere Frage: „Was wollten Sie damit erreichen?", sagte sie: „Ich wollte Weihnachten mit Sven alleine verbringen und habe mich geschämt, direkt darum zu bitten!"

Vorsicht bei Wenn-dann-Aussagen! Auch sie stellen einen Versuch dar, Ihr Verhalten zu steuern. Wichtig ist, dass Sie frühzeitig die dahinterliegenden Absichten erkennen und sich Bedenkzeit erbitten, bevor Sie etwas zusagen. Dadurch schaffen Sie sich Raum zum Abwägen. Fragen Sie auch hier wieder nach den wirklichen Absichten und Bedürfnissen desjenigen, der Ihnen ein schlechtes Gewissen macht.

„Was ich schon alles für dich gemacht habe ...!"

Menschen, die in Beziehungen Rechnungen aufmachen, brauchen das Gefühl, dass der andere ihnen noch etwas schuldig ist. Selbst ins Minus zu kommen, würde für sie eine bedrohliche Situation darstellen. Immer in Vorleistung zu gehen bringt ein Gefühl der Sicherheit. Der Vorwurf: „Was ich schon alles für dich getan habe ...!" öffnet die Buchungsseite des Partners sichtbar als Defizit. Defizitbilanzen zu kommunizieren beabsichtigt, eine Beziehung abzusichern und zu zementieren: Wer noch etwas schuldig ist, der bleibt.

„Habt ihr etwa geerbt? So gut wie ihr möchte ich es auch mal haben!"

... das sagte Tom, 46 Jahre, Versicherungsangestellter, zu seiner Kollegin Margret während der Besichtigung ihres neu gebauten Hauses. Tom war die Angelegenheit im Nachhinein peinlich; er hatte bemerkt, wie sich Margrets echte Freude, ihn zu sehen, in beherrschte Wut über seine Aussage verwandelte. Auf unsere Frage, warum er sich so verhalten habe, antwortete er: „Mich packte einfach der Neid auf Margrets schönes Haus. Ich wollte ihr wirklich ein schlechtes Gewissen machen. Heute tut mir das Leid. Ich hab' mich auch bald danach bei ihr dafür entschuldigt!

Wie fühlen Sie sich, wenn Ihre Freunde wiederholt auf Ihren Besitz und Ihre Lebensverhältnisse anspielen? Bekommen Sie ein schlechtes Gewissen? Wechseln Sie rasch das Thema? Suchen Sie händeringend nach einer guten Rechtfertigung oder spielen Sie Ihren Status herunter? Es kann sehr verletzend sein, wenn andere Ihnen das, was Sie haben, nicht gönnen.

Lotti, 45 Jahre, hat gemeinsam mit ihrem Mann Hans, 49 Jahre, ihren Traum vom eigenen Häuschen verwirklicht. Zur Hauseinweihung war auch Tine, Lottis alte Schulkameradin, geladen. Nachdem bereits einige Gäste Äußerungen von sich gaben wie: „Ihr könnt's euch aber leisten – woher habt ihr bloß das ganze Geld?", war Lotti sichtbar angespannt. Tine schritt ein, hing sich in altbekannter Manier über das Edelstahlgeländer der Wohnzimmergalerie und schrie lauthals: „Mann, Lotti, geile Bude!" Lotti konnte lachen und aufatmen. Endlich ein Kommentar, der von Herzen kam und die Arbeit und Freude der Gastgeberin wertschätzte.

Wenn Ihnen Dinge gehören, die Sie sich redlich erworben haben, dann brauchen Sie sich dafür nicht zu schämen. Neid, Missgunst und Eifersucht sind Gefühle, die entstehen, wenn andere sich mit Ihnen vergleichen. Sie dürfen diese Aussagen getrost als „Baustelle" derjenigen, die sich entsprechend äußern, abhaken. Bleiben Sie bei sich und achten Sie auf Ihre Gedanken, damit Sie nicht in die Falle tappen.

Wenn es um Spenden „für eine gute Sache" geht – oder um Produkte, die Sie kaufen sollen – und dabei mehr oder minder offen an Ihr schlechtes Gewissen appelliert wird, nehmen Sie sich Zeit, über Ihre Gefühle nachzudenken und entscheiden Sie sich dann mit Kopf und Herz für die Art von Hilfe und Teilen, die Ihnen am sinnvollsten erscheinen. Lassen Sie sich nicht an die Wand drängen.

„Weißt du, was du da anrichtest – das arme Kind!"

... sagte Corinna, 57 Jahre zu ihrer Schwiegertochter Hannah, als diese ihr mitteilte, wie froh sie darüber sei, endlich einen halbtägigen Krippenplatz für den kleinen Sven zugeteilt bekommen zu haben.

Hannah hatte nach einer Babypause von fünf Monaten ihre Arbeit wieder aufgenommen, um das Familieneinkommen zu sichern, weil Hannahs Mann noch in der Endphase seines Studiums steckte. Seit damals, sagt Corinna, habe sie das Gefühl, ihr eigentlich gutes Verhältnis zu Hannah habe sich zunehmend verschlechtert. Heute, zehn Jahre später, weiß Corinna, dass ihre Aussage Hannah gegenüber keinesfalls unterstützend und hilfreich war. Sie hat viel darüber nachgedacht und konnte reflektieren, dass diese Aussage für Hannah, der die Entscheidung, ihren kleinen Sohn in fremde Hände zu geben, sicher nicht leicht gefallen war, eine schlimme Abwertung ihrer Kompetenz als Mutter bedeutete. Zusätzlich beinhaltete Corinnas Aussage die „Drohung", dass Hannah bei möglichen negativen Konsequenzen die volle Schuld zu tragen habe. Corinna hat es geschafft, nachträglich mit ihrer Schwiegertochter zu reden. Sie hat sich entschuldigt und Hannahs Wut angenommen. Im Grunde ihres Herzens wünschte sich Corinna, die Enkel tagsüber zu betreuen. Sie war in ihrem Leben nichts lieber als Mutter. Weil Corinna gespürt hatte, dass es Hannah nicht recht gewesen wäre, wenn sie Sven betreut hätte, ist ihre Äußerung als Versuch zu werten, Hannah die Enttäuschung darüber „heimzuzahlen" – und sie wissen zu lassen, dass sie selbst, Corinna, die bessere Mutter sei. Gut, dass Corinna sich im Nachhinein über die Unfairness ihres Handelns klar wurde und dann den Mut aufbringen konnte, sich bei Hannah zu entschuldigen.

Wut und schlechtes Gewissen

Was hat Wut mit schlechtem Gewissen zu tun? Wir meinen: sehr viel. Haben wir ein schlechtes Gewissen, das unserem Leben erhebliche Einschränkungen auferlegt, kann es sein, dass wir darüber mitunter Wut empfinden. Wollen wir dann weiter unserem schlechten Gewissen gerecht werden, brauchen wir zusätzlich Kraft, um unsere ständige Wut zu unterdrücken. Denn oft genehmigen wir uns nicht das Recht, wütend zu sein. Wir verdrängen die Wut.

Das schlechte Gewissen erzeugt in uns das Gefühl, „im Defizit" zu sein. Das ist unangenehm, wir wollen diese Empfindung umwandeln in ein angenehmes Gefühl. Also verhalten wir uns so, dass wir dem schlechten Gewissen gerecht werden. Wir tun, was tatsächlich oder vermeintlich von uns „verlangt" wird. Schwierig wird die Angelegenheit, wenn unsere Zeit und Kraft dazu nicht ausreichen oder das, was wir tun sollen, unseren eigenen Wünschen zuwiderläuft. Wir werden wütend aufgrund der sich anbahnenden stressbelasteten Situation. Nun gesellt sich zum Gefühl, „im Defizit" zu sein, noch die Wut hinzu. Das innere Chaos ist perfekt.

Während eines Seminars zum Thema Wut berichtete ein Vater mit stillem Gleichmut, dass er nicht mehr weiter wisse. Seine 13-jährige Tochter habe ihm zum wiederholten Male die Kontokarte entwendet und mehrere hundert Euro am Geldautomaten abgehoben. Interessant war, wie emotionslos er sein Problem schilderte. Innerhalb weniger Sekunden war seine verdrängte Wut dennoch mitten im Raum. Die Zuhörer waren sichtlich entsetzt. Der Vater wurde konfrontiert mit Mitleid, Unverständnis, aber auch Ärger über seine Handlungsunfähigkeit. Wir fragten nach: „Was empfinden Sie, wenn Sie feststellen müssen, von Ihrer eigenen Tochter beklaut zu werden?" Er antwortete: „Sie wird das Geld sicher dringend brauchen, sonst würde sie das niemals tun! Wegen meiner Arbeitslosigkeit stehe ich finanziell nicht sehr gut da. Wie kann ich meiner Tochter zeigen, dass ich sie liebe, dass sie aber das Geldabheben lassen muss?" Auf unsere Frage: „Haben Sie mit Ihrer Tochter bereits ein ernstes Wort über ihr Fehlverhalten gewechselt?", antwortete er lediglich: „Nein! Wie sollte ich das denn machen, ich bin doch ihr Vater! Wenn ich meine Tochter kritisiere, fühle ich mich sehr schlecht."

Der Vater verbucht jegliche Auseinandersetzung mit seiner Tochter bei sich als Nachweis dafür, ein schlechter Vater zu sein. Handelt er entgegen seinem Glaubenssatz „Ich muss zu meiner Tochter immer liebenswürdig sein!", bekommt er ein schlechtes Gewissen. Das zu vermeiden steht für ihn an erster Stelle. Darum kann er seiner Tochter seine Wut über den Diebstahl nicht zeigen. Also braucht er andere Kanäle, die ihm helfen, seine Wut abzulassen.

Wut schützt den Kern unserer Ich-Integrität. Wir zeigen uns wütend, wenn wir in unserer Identität, unserer Würde und in unserem Selbstwert bedroht werden. Insofern ist Wut eine positive Angelegenheit, die ähnlich schützend wirkt wie das Schmerzempfinden des Körpers.

Harriet Lerner erkennt Wut als Botschaft auf Kränkungen, Verletzungen, auf unbefriedigte Wünsche, als ein Zeichen dafür, dass etwas nicht stimmt und als Hinweis darauf, dass das Geben und Nehmen im Ungleichgewicht steht (vgl. Lerner 1992, S. 17ff.).

Tipp:
Unterdrücken wir die Wut, verpassen wir ein wichtiges Signal dafür, dass wir unsere Beziehungen aktiv mitgestalten müssten – jetzt, nicht später.

Kennen Sie bei sich selbst oder anderen Situationen, in denen Sie oder die anderen ihre Wut einfach an einem anderen Ort, bei einer anderen Person „parken"? Ärgert uns jemand oder fühlen wir uns ungerecht behandelt, dann fällt uns mit hoher Wahrscheinlichkeit sehr schnell jemand ein, dem wir unser Problem schildern können.

Was geschieht dann? Die Energie unserer Wut „verpufft" an einem Ort, der mit der Ausgangssituation wenig zu tun hat. Wir rufen unsere besten Freundinnen an, plaudern mit unseren Kumpels in der Umkleidekabine im Sportverein über unseren Ärger, aber kommunizieren nicht mit dem Menschen, der der Grund für unsere Wut ist. Im Zweifelsfall stabilisieren wir auf diese Weise den status quo. Wir haben unsere Wut ein Stück weit abgebaut. Freundinnen, Schwester oder Mutter haben uns verstanden und bedauert. Kommen wir wieder in Kontakt mit der Person, die unsere Wut ausgelöst hat, verhalten wir uns, als sei nichts geschehen.

Bitte verstehen Sie uns nicht falsch: Es geht uns nicht darum, jegliche Gespräche über Probleme mit Menschen, die außerhalb des eigentlichen Konflikts stehen, zu unterbinden. Das Ausmaß ist ausschlaggebend. Es macht einen enormen Unterschied, ob Sie Ihre Wut gelegentlich mit anderen besprechen oder ob dies Ihre hauptsächliche Strategie zur Bewältigung der Wut darstellt.

Ruth, 39 Jahre, verheiratet mit Jürgen, 47 Jahre, zwei Töchter, ärgert sich seit Beginn ihrer Ehe darüber, dass Jürgen sie wiederholt in der Öffentlichkeit vor anderen abwertet, in dem er z. B. sagt: „Ach, davon verstehst du doch nichts!" oder „Du bist doch zu blöd, die einfachsten Dinge zu erledigen!" Sie ist darüber so erbost, dass sie ohnmächtig schweigend die Situation „überlebt" und am Tag danach, sobald Jürgen nicht mehr im Haus ist, zum Telefon greift und ihre Freundin Gitte anruft, um alle Wut und Enttäuschung abzuladen. Gegen Ende jedes Gesprächs schwört Ruth Gitte darauf ein, „bloß nie etwas darüber Jürgen gegenüber zu äußern". Gitte verspricht ihr das.

Kommt Jürgen nach der Arbeit dann nach Hause, zeigt Ruth sich schweigend und reserviert und „macht auf Familie".

Wie mag sich Ruth in ihrer Haut wohl fühlen? Was geht in Jürgen vor? Hätte Ruth eine bewusste Wahrnehmung für ihr Verhalten, könnte sie sich überlegen, ob es nicht doch hilfreicher wäre, ihrem Mann gegenüber ihre Wut in einer für ihn annehmbaren Form zu äußern. Leitet Ruth ihre Wut sehr häufig in das Gespräch mit Dritten um, so scheint dies auf ihre Beziehung zu Jürgen harmonisierend zu wirken. Ruth vermeidet den offenen Konflikt mit Jürgen. Dafür findet aber auch keine Veränderung statt. Jürgen erhält von Ruth keine offene Kommunikation über die Auswirkungen seines Verhaltens. Ruth benutzt Gitte, um ihre Wut abzuleiten. Ist Gittes Duldsamkeit für Ruth hilfreich? Wäre es längerfristig für Ruth nicht besser, Gitte würde ihre „Aufnahmebereitschaft" aufgeben und Ruth bitten, diese Dinge mit Jürgen direkt auszuhandeln, weil sie sich dadurch auch selbst besser gegen Loyalitätskonflikte Jürgen gegenüber schützen könnte?

Sind auch Sie öfter der Kummerkasten für einen Freund oder eine Freundin?
Was denken Sie selbst: Wie hilfreich ist Ihre Verfügbarkeit in Sachen „Beziehungsmüllentsorgung" für die Handlungsfähigkeit Ihres Freundes/Ihrer Freundin?
Was ist Ihre persönliche Strategie, wenn Sie wütend sind?
Was könnte Ihr erster Schritt in Richtung Veränderung sein?

Nehmen Sie Ihre Wut als Warnsignal dafür, dass für Sie etwas nicht in Ordnung ist. Jetzt ist es wichtig, dass Sie sich das eingestehen und Ihre Bedürfnisse kommunizieren.

Wer nicht sagt, was er will, bekommt nicht das, was er braucht. Es kann hilfreich sein, die angestaute Energie seiner Wut vor einer angestrebten konstruktiven Kommunikation auf ein erträgliches Maß herunterzuschrauben. Haben Sie dazu bereits gute Lösungen? Wenn nicht, dann achten Sie darauf, wie es andere machen. Vielleicht ist etwas für Sie dabei. Wir haben auf die Frage: „Wie schaffen Sie es, auf ein „arbeitsfähiges“ Wutniveau zu kommen?“ folgende Antworten erhalten:

- „Eine halbe Stunde Joggen, das macht mein Hirn frei!“ (Sina, 27 Jahre)
- „Mir hilft ein Vollbad mit Rosenölzusatz!“ (Katharina, 39 Jahre)
- „Ich hau mindestens zwanzig Mal mit voller Wucht auf den Boxsack meines Sohnes, das ist mein Geheimrezept!“ (Luis, 47 Jahre)
- „Wenn ich wütend von der Arbeit nach Hause fahre, kurble ich das Fenster runter und schrei' ganz laut! Bis jetzt hat mich noch niemand deswegen eingelocht!“ (Sieglinde, 40 Jahre)
- „Ich schreibe einen Wutbrief mit allen bösen Gedanken an mein Gegenüber und dann verbrenne ich ihn – das ist mein Ritual! Danach weiß ich meistens, was ich selbst möchte und wie ich die Problemlösung angehen könnte!“(Annabelle, 53 Jahre)

Sie sehen, es gibt sehr unterschiedliche kreative Möglichkeiten, erfolgreich mit Wut umzugehen und dabei einen Energiepegel zu erreichen, der es Ihnen möglich macht, in ein lösungsorientiertes Gespräch einzusteigen, ohne den anderen mit Vorwürfen oder einem ungebremsten Wutausbruch frontal zu attackieren.

Was geschieht, wenn Wut aus schlechtem Gewissen heraus ständig unterdrückt wird?

Aus einer neueren Richtung der Psychologie, der Systemischen Therapie, entleihen wir uns den Begriff des „Systems", um zu erklären, was passiert, wenn Wut unterdrückt wird, vor allem in festen Beziehungsgefügen wie z. B. einer Familie.

Schauen wir uns zuerst an, wie „Systeme" funktionieren: Menschen leben in den meisten Fällen in Gemeinschaften und bilden dabei Gruppen (Systeme), die sich wiederum finden in Über- und Untersystemen.

Abb.: **Balance in Systemen wie z.B. Familie**

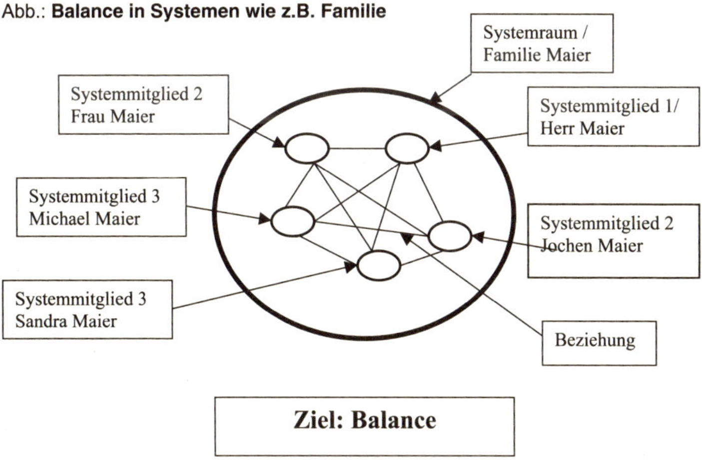

Wir alle sind Teil von unterschiedlichsten Systemen. Das oberste Ziel dieser Systeme (Familie, Paarbeziehung, Teams etc.) ist **Balance** im Beziehungsgefüge. Alle Systemmitglieder tarieren ihre Beziehungen mehr unbewusst als bewusst so aus, dass das gesamte System eine gute Ausgewogenheit in den Beziehungen erreicht. Balance braucht aber die aktive Mitarbeit aller am System Beteiligten. Verwehrt ein Systemmitglied die Mitarbeit, indem es seine Wahrnehmung (z. B. Wut wegen einer Ungerechtigkeit) aus verinnerlichtem schlechtem Gewissen nicht kommuniziert, ist die Balance gestört. Erfahrungsgemäß findet sich innerhalb des Systems ein anderes Mitglied, das bereit ist, den nötigen Kraftaufwand zum Ausgleich des Gesamtsystems zu schultern. Dieses Mitglied versucht die entstandene Schieflage „künstlich" auszubalancieren. Insbesondere wenn Kinder zum System gehören, sind diese erfahrungsgemäß unbewusst in besonders hohem Maße bereit, die Balance innerhalb der Familie zu erhalten und zu pflegen. Kinder sind gegenüber dem eigenen Familiensystem nahezu immer hochloyal. Für das Systemmitglied, das die Wiederherstellung der Balance auf seine Schultern nimmt, ist das eine sehr anstrengende Sache. Es entwickelt möglicherweise ein „Symptom". Das ausgleichende Systemmitglied hat dann ein „Problem", mit dem sich die übrigen Mitlgieder des Systems (also z. B. der Familie) beschäftigen können. Ausgleichende Systemmitglieder werden in der systemischen Betrachtungsweise als die eigentlich starken Mitglieder des Systems betrachtet. Eine systemische Therapie fokussiert gerade nicht ausschließlich auf das „Problem" und dessen Träger. Vielmehr wird gemeinsam mit allen System-, also z. B. Familienmitgliedern erforscht, welche positiven und auch systemstabilisierenden Auswirkungen das „Problem" für das Gesamtsystem haben könnte. Erst durch das Bewusstwerden der Beziehungsdynamik kann die Familie neue Ressourcen mobilisieren, um erneut Balance (ohne das „Problem") zu erreichen.

Wenn ein Mitglied einer Familie unablässig seine Wut unterdrückt, hat die Familie nicht die gleiche „Ausgeglichenheit", wie wenn Wut immer wieder ausgelebt werden darf und alle sich daran beteiligen, neue Lösungen zu erarbeiten. Die Familie wendet viel Kraft dafür auf, so zu tun, als ob alles in Ordnung sei.

Wie gehen wir um mit unserer Wut?

„Wut ist ein Gefühl, das nach einem anderen kommt."

Thailändische Weisheit

Wut ist eine Folge von Frustrationen oder Kränkungen, von Ungerechtigkeiten, von Balanceverlust, von Angriffen auf unsere Integrität, von Überforderung. Wie wir mit unserer Wut umgehen, wird beeinflusst von unserem erlernten Verhalten.

Die thailändische Weisheit, dass Wut als Gefühl immer reaktiv – eben „danach" auftritt, bestätigt uns darin, dass Wut wichtige Signale liefert.

Wut ist ein Gefühl, das Denkprozesse stört. Wir sind gewissermaßen „blockiert". Aus diesem Grunde ist es wichtig, sich bewusst zu machen, wie man mit Wut umgeht. Welcher Wuttyp sind Sie? Schreien Sie laut oder ducken Sie sich weg und schlucken Sie viel hinunter? Sind Sie ein braves Mäuschen oder eher eine Xanthippe? Kennt man Sie als Jasager, Weghörer oder eher als Marktschreier?

Nett, beschwichtigend, stumm?

Viele Menschen sind besondere Spezialisten in der Wutverbiegung. Auf der einen Seite haben wir gelernt, dass wir belohnt werden, wenn wir „immer nett sind". Mit uns bekommt „man" keine Probleme. Wir sind berechenbar und stellen immer erst unsere wichtigsten Beziehungspartner an die erste Stelle, bevor wir an uns selbst denken. Wut äußert sich bei den Netten oft gar nicht. Schweigen, Trauer bis hin zu Depressionen können Formen unterdrückter Wut „netter“ Frauen und Männer sein. Durch das Hintanstellen eigener Bedürfnisse werden zuvorderst die anderen geschützt. „Nette“ zeigen, wenn überhaupt, ihre Wut an Orten, wo selten ein echter Bezug zur auslösenden Situation möglich ist. Der „Stau“ löst sich durch irrationale Entladungen meist viel später und kann dann von dem Betroffenen und seinem Umfeld nicht mehr in den ursprünglich dazugehörenden Kontext eingeordnet werden. „Ich weiß gar nicht, was mit mir los ist!“ Das meinen die Betroffenen so, wie sie es sagen. Ihre Mitmenschen machen dann aus Gründen des Selbstschutzes „dicht“: „Was der/die auch immer hat!“ Hinzu kommt bei denjenigen, die den Wutanfall hatten, ein schlechtes Gewissen, weil sie sich nicht an die Grundregel „Immer nett sein“ gehalten haben. Der Teufelskreis schließt sich damit wieder.

Wir können die Wut willkommen heißen und ihr danken als einem Teil von uns, der für uns sorgt. Die Wut sagt uns gewissermaßen: „Hallo du, da stimmt was nicht! Es ist wichtig, jetzt auf dich zu achten!“ Stellen Sie sich dann folgende Fragen:

„Was macht mich eigentlich wirklich wütend?“
„Was ist das Problem und wessen Problem ist es?“
„Wer ist eigentlich für was genau verantwortlich?“
„Wie kann ich mich ausdrücken, ohne mich hilflos und ohnmächtig zu fühlen?“
„Wie kann ich es schaffen, meine Sichtweise zu äußern, ohne in eine Haltung des Sich-Rechtfertigens und -Verteidigens zu geraten?“

„Welche Ideen habe ich noch, wenn ich merke, meine Wutreaktion führt nicht zum Ziel?"
„Welches Risiko kommt möglicherweise auf mich zu, wenn ich meine Meinung mal wirklich zum Ausdruck bringe?"
„Wer oder was könnte mir helfen, mit meiner Wut gut umzugehen?"
„Was will ich für mich persönlich erreichen?"

Menschen, die immer nur nett sind, sind nicht unbedingt erfolgreicher als Nicht-Nette! Sie sind nett – nicht mehr und nicht weniger. Nur-Nette vermeiden Konflikte, verhindern jedoch dadurch Chancen der Verbesserung von Beziehung und Situation.

Emotional, laut, cholerisch?

Wie halten es diejenigen, die sich nicht zu den Nur-Netten zählen wollen? Was denken Sie: Gehen diese Menschen mit Wut besser um?

Rasten Sie aus, wenn Ihnen etwas gegen den Strich geht?
Agieren Sie im Alltag gern und oft emotional?
Werden Sie gefürchtet ob Ihrer scharfen Zunge?
Was haben Sie – wenn Sie ehrlich sind – dadurch erreicht?
Wurde Ihren Wünschen und Bedürfnissen Rechnung getragen?

Viele Menschen sind geübt darin, sich schnell Luft zu verschaffen, wenn ihnen etwas gegen den Strich geht. Was erreichen diese Menschen wirklich dabei? Wir bezweifeln, dass ein Wutausbruch zu einer Veränderung führen kann. Von den nur netten Menschen unterscheiden sich die etwas Explosiveren nur durch die Fähigkeit, Wut zu zeigen. **Zu einer Lösung des zugrunde liegenden Konfliktes führt beides nicht.** Nur-Nette vermeiden den Konflikt und bezahlen den Preis, indem sie die Wut nach innen richten (und darüber möglicherweise sogar depressiv werden). Cholerische zeigen die Wut in einer Form, bei der ihre Mitmenschen Kraft brauchen, um sich persönlich zu schützen. Immerhin bekommen die anderen bei einem Wutausbruch zumindest unsere Wut mit. Wir zeigen, was uns verletzt, formulieren Vorwürfe, sind womöglich verbittert und stempeln unser Gegenüber zum Sündenbock. Was erreichen wir dabei? Im Zweifelsfall nicht viel.

Wütende Menschen machen es den anderen leicht. Keiner der Beteiligten muss sich anstrengen auszuhandeln, wie sich die Situation in Zukunft verbessern könnte. Die Kontrahenten beschäftigen sich mit Vorwurf und Rechtfertigung. Die gegenseitigen Defizitkonten steigern ihre Buchungen. Am Ende haben alle am Konflikt Beteiligten Fehler begangen, die wiederum zu schlechtem Gewissen führen können. Eine Wiederannäherung ist vonnöten und muss dann von beiden wieder geleistet werden. Was für ein anstrengender und dabei wenig hilfreicher Kreislauf.

Für die Netten wie auch die Emotionalen gilt:
„Wenn du willst, was du noch nie gehabt hast, dann tu, was du noch nie getan hast."
(So der Titel eines Buches von Nossrat Peseschkian, 2002)

Also, was haben Sie durch Ihre Art, mit Wut umzugehen, tatsächlich erreicht? Sind Sie mit den Resultaten nicht sehr zufrieden, stellt sich die Frage, ob Sie nicht bereit wären, etwas zu verändern. Sie könnten z. B. überlegen, ob es nicht besser wäre, erst Zeit zu gewinnen, bevor Sie Ihrer Wut freien Lauf lassen. Wenn Sie zu den Schweigern gehören, könnten Sie darüber nachdenken, was sich durch die Wutvermeidung wirklich verbessert.

Tipp:

- Bemühen Sie sich, die echte Ursache der Wut erzeugenden Situation zu erkennen.
- Versuchen Sie, in der Wut und trotz der Wut einen eigenen Standort zu finden. Bevor Sie aktiv werden, sollten Sie für sich folgende Fragen beantworten können:

  (1) Was will ich wirklich erreichen?

  (2) Wie kann ich meine Ziele so kommunizieren, dass ich das, was ich will, auch erreiche?

  (3) In welchen immer wiederkehrenden, jedoch erfolglosen Verhaltensmustern stecke ich eigentlich? (Ein Beispiel: Sie ärgern sich seit zehn Jahren über bestimmte Äußerungen Ihrer Schwiegereltern, lassen Ihren Zorn darüber jedoch an Ihrem Ehepartner aus. Wenn Sie ehrlich sind, müssen Sie zugeben, dass Sie durch dieses Verhalten eine schwelende Konfliktsituation innerhalb Ihrer Paarbeziehung ausgelöst haben. Weil Sie aber genau wissen, dass sich Ihr Partner seinen Eltern gegenüber loyal verhält, wird sich durch Ihr Verhalten das Verhalten Ihrer Schwiegereltern nie ändern!)
- Vergessen Sie nicht: Veränderung braucht Mut und löst bei den Betroffenen zunächst einmal Angst aus. Rechnen Sie also sicherheitshalber mit Widerstand; das ist eine normale Reaktion mit dem Zweck des Selbstschutzes.
- Neues Terrain zu erschließen braucht Zeit, Geduld und Ihre Beharrlichkeit. Glauben Sie nachhaltig an sich und die Veränderungsfähigkeit Ihres Gegenübers.

„Wenn wir lernen, unsere Wutenergie einzusetzen, um in unseren engsten und heikelsten Beziehungen mehr Handlungsspielraum zu schaffen, werden wir uns allmählich in jeder Art von zwischenmenschlichen Beziehungen mit größerer Klarheit, Entschiedenheit und Freiheit bewegen, sei es mit Freunden, Arbeitskollegen oder mit dem Kaufmann an der Ecke" (Lerner 1992, S. 15). Was könnte Ihnen schlimmstenfalls passieren, wenn Sie Ihr Verhalten ändern? Demgegenüber besteht eine echte Chance, dass, obwohl Sie nicht länger nett waren, Ihre Beziehungen weiterbestehen, sich sogar intensivieren. Oder dass, wenn Sie Ihre Wut auch ohne „Ausbruch" kommunizieren, Ihnen trotzdem oder gerade deswegen jemand zuhört.

Trauer und schlechtes Gewissen

Verlieren wir einen Menschen durch Trennung, Scheidung oder unwiederbringlich durch den Tod, kann es sein, dass in vielen Fällen Gefühle und Gedanken bleiben, die wir dem anderen nicht mehr mitteilen konnten. Wir haben keine Zeit oder Möglichkeit mehr, unsere Beziehung zu verbessern, für Fehler um Verzeihung zu bitten oder unserer echten inneren Zuneigung und Dankbarkeit Ausdruck zu verleihen. Was hingegen bleibt, ist ein schlechtes Gewissen.

Wir fühlen uns schlecht, weil wir z. B. vor dem letzten Zusammentreffen gestritten haben. Oder weil wir aus einer Laune heraus den Erwartungen des anderen nach einem liebevollen Abschied nicht entsprochen haben. In diesen Fällen sind wir – und das ist das wirklich Schwierige daran – nicht mehr in der Lage, unsere Versäumnisse wieder gutzumachen.

Es kann Situationen geben, in denen Sie es nicht mehr alleine schaffen, in eine erlösende und entlastende Trauerarbeit einzusteigen. Auslöser für derartige Blockaden ist in vielen Fällen das schlechte Gewissen gegenüber dem verloren gegangenen Menschen. Es kann Sie daran hindern, mit sich selbst ins Reine zu kommen. Vielleicht wissen Sie gar nicht genau, was der eigentliche Grund dafür ist, weshalb Sie nicht trauern können (vgl. dazu auch unsere Ausführungen zum Thema Unterbewusstsein in Kapitel 3). Sie fühlen sich auf diffuse Weise schlecht, ohne den eigentlichen Grund dafür sehen zu können. Dann benötigen Sie dringend professionelle Hilfe dabei, die versteckten Beweggründe für Ihr Befinden offen zu legen, sie verständlich und damit auch handhabbar zu machen.

Wenn Sie selbst oder eine Ihnen nahe stehende Person in eine ähnliche Situation geraten, holen Sie sich therapeutische Unterstützung. (Mehr zu diesem Thema können Sie nachlesen bei Kast 1999, Kübler-Ross 1980 und Carnegie 1984. Nähere Angaben zu den Titeln finden Sie im Literaturverzeichnis am Schluss des Buches.)

Unzufriedenheit und schlechtes Gewissen

Der Alltagstrott, das Eingebundensein in Pflichten und Aufgaben und Angst vor der Zukunft führen dazu, dass Menschen zunehmend eine dauerhafte Unzufriedenheit verspüren. Wir suchen dann Abwechslung und „Kicks" in unserer Umgebung. Die zeitgenössische Erlebnis- und Medienkultur schafft hier nur kurzfristig Abhilfe. „Es gehört zu den Grundsehnsüchten des Menschen, sich selbst zu spüren, berührt zu werden, Gefühle zu haben" (Schaible 2001, S. 21). Trauen wir uns, anderen gegenüber unsere Gefühle von Leere und Sinnlosigkeit zu äußern, werden wir konfrontiert mit Äußerungen wie: „So gut wie ihr hatte es doch noch keine andere Generation." Was bleibt dann anderes, als ein schlechtes Gewissen zu produzieren, indem wir uns selbst als undankbar und lebensuntüchtig abwerten?

Diesem Gefühl versuchen wir u. U. zu entrinnen, indem wir:

- unsere innere Resignation verdrängen, sie vor anderen überspielen, so tun, als ob wir glücklich wären. Wir versuchen den Schein zu wahren.
- unsere Selbstverantwortung anderen übertragen, z. B. indem wir uns in die Arbeit stürzen und ohne nachzudenken ständig neue Aufgaben suchen. Im besten Fall machen wir Karriere, schlimmstenfalls manövrieren wir uns durch einen Burnout ins Abseits.
- uns von Urlaub zu Urlaub hangeln und darin die einzige und wichtigste Zeit der absoluten Zufriedenheit suchen. Wie viele Familien leben „Familie" bilderbuchmäßig nur im Urlaub? Das führt nicht selten dazu, dass Menschen gerade in der Urlaubszeit aufgrund nicht erfüllter Erwartungen ein hohes Konfliktpotential entwickeln. Der Urlaub soll mehr leisten, als möglich ist.

Kennen Sie selbst Menschen, von denen Sie ohne zu zögern sagen würden: „Die sind wirklich zufrieden"?

Haben diese Menschen sich mit dem Leben arrangiert?
Gab es möglicherweise Erlebnisse, die diese Menschen zwangen, ihre Kriterien an ein Leben in Zufriedenheit neu zu definieren?
Wer könnte in dieser Hinsicht ein Vorbild für Sie sein?

Was halten Sie persönlich von folgender Aussage: „Erfolgreich Erwachsen-Sein heißt, das Leben in seiner Mittelmäßigkeit zu akzeptieren und seinen Eltern auf Nasenhöhe begegnen zu können!“ (Aussage von Ingrid Kellermann, Stuttgarter Institut für Systemische Therapie, Beratung und Supervision, im Rahmen eines Seminars, 2003)

„So einfach kann man es sich doch nicht machen“, werden Sie sagen, „Menschen wollen doch aus ihrem Leben das Beste machen. Das ist doch normal. Wenn ich mich unzufrieden fühle, dann wird das nicht unbegründet sein. Hätte ich meinen Traumjob, meinen Traumpartner, meinen Traumwohnort gefunden, dann wäre ich zufrieden!“ Wären Sie wirklich zufrieden? Was ist denn jeweils das Beste? Ist es die erste Million, ein Maserati, eine Ranch, ein Pool und ein Flugzeug? Was wird dann das Beste sein, wenn Sie das alles erreicht haben? Ein Einfamilienhaus auf dem Mond? Sicher sind es nicht immer fehlende materielle Dinge, die uns unzufrieden machen. Verpasste Lebensentscheidungen, verfehlte Ziele, notwendige Konflikte aus Angst vor Streit nicht angegangen zu haben, sich andauernd mit anderen zu vergleichen usw.: Das alles kann dazu führen, dass Sie sich unzufrieden fühlen. Wie wir aber bereits gesehen haben, wählen wir unsere Gedanken selbst aus – eben meist unbewusst – und fühlen uns dann so, wie wir denken. Also: Sie haben immer Wahlmöglichkeiten.

Was bringt es Ihnen tatsächlich, sich durchgängig unzufrieden zu fühlen? Verändert das Ihre Situation nachhaltig zum Besseren? Nein, im Gegenteil. Chronische Unzufriedenheit raubt Ihnen Energie, Zuversicht, Mut und den Zugang zu Ihren Ressourcen. Möglicherweise werden

Sie auch noch von einem schlechten Gewissen geplagt, weil Sie sich vorwerfen, unzufrieden zu sein. Da lohnt es sich doch zu fragen: Welche Alternativen hätten Sie stattdessen?

Tipp:

- Schaffen Sie sich ein inneres Stoppschild gegen Unzufriedenheit, indem Sie sich vornehmen, in Zukunft besser auf Ihre Gefühlswelt zu achten, indem Sie ein Auge auf Ihre Gedanken haben.
- Stellen Sie sich die Frage: „Was wäre noch viel schlimmer?" Versuchen Sie sich diese Frage mit mindestens fünf verschiedenen Aussagen zu beantworten. Was geschieht nun mit Ihrer Unzufriedenheit? Können Sie sie aus neuer Perspektive sehen, relativiert sie sich vielleicht? Schaffen Sie sogar ein kurzes verschmitztes Lächeln? Sie sehen, Ihr Zustand ist keine Folge der Realität. Er ist lediglich eine Frage Ihrer persönlichen „Bewertung". Denken Sie vergleichend, denken Sie resignierend, dann fühlen Sie sich entsprechend.

Veränderung beginnt mit der bewussten Auswahl Ihrer Gedanken! Das ist ungewöhnlich und braucht Übung. Versuchen Sie es doch einfach mal. Was könnte schlimmstenfalls passieren? Sie könnten eine positive Erfahrung machen …

Wenn Sie merken, dass sich Ihre Gedanken um unerfüllte Träume drehen, dass Sie Neid empfinden, weil andere es zu mehr gebracht haben … Wenn Sie feststellen, dass Sie in all dem, was Sie an Pflichten zu erfüllen haben, eigentlich keinen Sinn erkennen können … Wenn Sie wahrnehmen, dass Sie nie etwas umsonst bekommen und alles immer so schwierig ist …

… dann sagen Sie schnell „Stopp!“ und bemühen Sie sich, über folgende Fragen nachzudenken:
„Was läuft momentan wirklich gut?“
„Was ist mir an meiner jetzigen Situation wichtig?“
„Wer oder was gibt mir und meinem Leben Bedeutung?“
„Was sind meine Stärken?“

Mittelmaß als neuer Maßstab für mehr Zufriedenheit im Leben? Ja, weil das Sinn macht, wenn Sie Leben als ganzheitlichen Prozess betrachten. Leben verlangt mehr als das Denken in Quartalen (zunehmend üblich in der freien Wirtschaft und öffentlichen Verwaltung) oder in Jahren.

Lassen Sie uns den Kreis schließen vom Mittelmaß zur Balance (vgl. Schaubild S. 97). Balance ist Ausgleich, Ausgewogenheit, sich in der „Mitte“ bewegen. Mittelmaß ist ebenfalls „Mitte“, ist nicht Höchstmaß und nicht Tiefststand. Balance ist die Kunst, seinen Kräften und Bedürfnissen entsprechend hauszuhalten, sodass Sie bei sich bleiben, nett zu sich selbst sein können, sich erfolgreich an der Gemeinschaft beteiligen können nach den bewährten Regeln eines Ausgleichs von „Geben und Nehmen“.

Und was hat es auf sich mit dem Vorschlag, „seinen Eltern in Nasenhöhe zu begegnen“?

Gerade was die Wirksamkeit von schlechtem Gewissen angeht, können wir sehr gut die „tatsächliche Nasendistanz“ zu unseren Eltern testen. Haben Sie Ihren Eltern gegenüber häufig ein schlechtes Gewissen, oder umgekehrt: Sind Sie der Meinung, dass Ihre Eltern Ihnen gegenüber eines haben müssten? Mit „gleicher Nasenhöhe“ ist nicht gemeint „eine Nase höher“, aber auch nicht „eine Nase darunter“ oder „viele Nasen tiefer“. Es geht um Gleichheit, darum, seine Kinderrolle überwunden zu haben und den Eltern begegnen zu können in gegenseitiger (nicht einseitiger!!) Annahme, Wertschätzung und Toleranz.

Andrea, 24, magersüchtig, tritt ihrem Vater nach einem Aufenthalt in einer Spezialklinik zur Behandlung von Essstörungen mit folgenden Worten gegenüber: „Ich werde ein Romanistik-Studium beginnen und damit deinem Wunsch, deine Firma zu übernehmen, nicht entsprechen. Das tut mir Leid. Damit meine ich, dass ich verstehe, dass du deswegen traurig bist. Aber ich treffe diese Entscheidung nicht gegen dich, sondern für mich. Ich verstehe deine Enttäuschung, aber ich lasse sie bei dir."

Wer seinen Eltern auf gleicher Nasenhöhe begegnet, hat eine gute Basis, der Wirksamkeit von schlechtem Gewissen bewusst Einhalt gebieten zu können und an der Ausgewogenheit der Beziehung zu ihnen erfolgreich mitzuarbeiten.

! Inzwischen wissen Sie, dass es Gedanken sind, die unsere Gefühle auslösen und dass ein schlechtes Gewissen ein kognitives Gefühl ist, das entsteht, wenn verinnerlichte Normen mit unserem Handeln verglichen werden und wir dabei feststellen, dass wir diesen Normen nicht gerecht wurden. Ob wir positive oder negative Gefühle haben, liegt an unseren positiven oder negativen Denkmustern – ihnen gilt es auf die Schliche zu kommen.

Je besser unser Selbstwertgefühl, desto weniger leicht lassen wir uns ein schlechtes Gewissen machen. Es wirkt wie ein Puffer dagegen, sich für alles verantwortlich zu fühlen.

Beziehungen leiden und unser Leben verliert an Authentizität und Lebendigkeit, wenn wir unsere Gefühle vor uns selbst und anderen verheimlichen – aus Angst vor dem schlechten Gewissen, das wir hätten, wenn wir z. B. an einem Konflikt „schuld“ wären. Der Weg, eine „echte“ Persönlichkeit zu werden, führt über die Selbstannahme – und dazu müssen wir mit Hilfe der Selbstwahrnehmung erst einmal erkennen, was alles an Gefühlen in uns ist. Die Energie, die wir bisher darauf verwandt haben, uns selbst und allen anderen ein heiles Bild von uns selbst zu vermitteln, sollten wir lieber darauf verwenden, eine Persönlichkeit zu werden, die Konflikte nicht scheut, sondern angeht – und die es auch wagt, „Nein!“ zu sagen, wenn sie spürt, dass eine Aufgabe sie überfordern wird. Jeder Mensch ist einzigartig, hat Schwächen *und* Stärken! Gute Beziehungen helfen einem dabei, ein gesundes Selbstwertgefühl aufzubauen, authentisch zu werden.

Wenn wir spüren, dass andere durch ihre Bemerkungen bewusst oder unbewusst einen „Volltreffer“ bei uns landen, ein schlechtes Gewissen bei uns auslösen, dann können wir ganz direkt fragen: „Was willst du wirklich von mir?“ Wir dürfen dann ehrlich „Ja!“ oder „Nein!“ zu Aufgaben sagen, die uns übertragen werden sollen. Damit uns dies leichter fällt, ist es hilfreich, sich Bedenkzeit zu erbitten.

Wir haben zu guter Letzt gesehen, dass es wichtig und erlaubt ist, dass man sich Gefühle der Wut, der Trauer oder der Unzufriedenheit eingesteht, dass sie kein Anlass zu schlechtem Gewissen sein sollten und – mehr noch – dass sie genutzt werden können, um positive Veränderungen herbeizuführen.

Kapitel 5

Verantwortung

„Freiheit bedeutet Verantwortlichkeit; das ist der Grund, weshalb die meisten Menschen sich vor ihr fürchten."

George Bernard Shaw

? Was erwartet Sie in Kapitel 5?
Auf den folgenden Seiten soll geklärt werden, welche Arten von Verantwortung es gibt und welche Art von Verantwortung wir annehmen bzw. welche wir ablehnen dürfen.
Inwieweit tragen wir Verantwortung für die Gefühle unserer Mitmenschen? Warum machen Menschen eigentlich immer wieder Fehler?
Was können wir tun, wenn wir einen Fehler begangen haben?
Welches sind die „guten Gedanken", die uns dabei helfen, in einem solchen Fall verantwortlich zu handeln?
Gibt es so etwas wie ein berechtigtes schlechtes Gewissen überhaupt? Warum kann ein schlechtes Gewissen auch Vorteile haben?
Welches ist der Preis, den wir dafür zahlen?
Außerdem erfahren wir, was das Gefühl, ein Opfer zu sein, mit dem Gefühl des schlechten Gewissens zu tun hat. Und wir werden uns der Frage stellen: Können wir das auch – anderen ein schlechtes Gewissen machen?

Ein schlechtes Gewissen, so haben wir gesagt, wird durch die Erwartungen, die andere oder wir selbst an uns stellen, ausgelöst, falls wir diese nicht erfüllen können. Will man einen Spatenstich tiefer graben, muss man sich die Frage stellen: Wie kommt es eigentlich, dass man glaubt, diese speziellen Erwartungen seien berechtigt? Ganz einfach: Dahinter steckt Verantwortung. Die Verantwortung, die wir glauben zu haben oder übernehmen zu müssen. Ver-ant-wort-ung. In dem Wort steckt das Wort „Antwort" – übernimmt man für etwas die Verantwortung, kann es sein, dass man jemandem Rede und Antwort stehen muss, sollten sich die Dinge nicht so entwickeln, wie es geplant war. Auf der anderen Seite bedeutet Verantwortung, aber auch Einfluss und Macht.

Am besten, Sie holen sich Stift und Papier – die folgende Liste wird nämlich bestimmt lang:
Für was, glauben Sie, tragen Sie alles Verantwortung? Berufliche Projekte? Haus, Hof, Hund, Garten und Meerschweinchen? Ihre Eltern? Schreiben Sie!

Es gibt zwei Arten von Verantwortung: Verantwortung für sich selbst – persönliche Verantwortung oder **Eigenverantwortung** – und Verantwortung für andere und anderes, **soziale Verantwortung** im weitesten Sinne. Da man bisher immer davon ausgegangen ist, dass Kinder im Prinzip kleine asoziale Egomanen seien, deren ungezügelten Selbsterhaltungstrieb man eindämmen müsse, lag das Hauptaugenmerk der Erziehungsversuche unserer Eltern- und Großelterngeneration auf dem Versuch, Kindern soziale Verantwortung beizubringen, d. h. Verantwortung für Geschwister, Eltern, Besitz, die Gesellschaft, vielleicht auch die Umwelt und ein gelungenes Miteinander zu übernehmen.

Eigenverantwortung ist demgegenüber die Verantwortung, die wir für unsere eigenen Belange haben, für unser körperliches, geistiges und seelisches Wohlbefinden und unsere Entwicklung.

Soziale Verantwortung zu übernehmen – das ist für viele Menschen in der Tat selbstverständlich. Besonders für Eltern von kleinen Kindern, aber auch für die meisten, die im Beruf stehen, wo man die Verantwortung für Projekte, Geld oder auch Menschen – Personalverantwortung – übernehmen muss. Verantwortung für sich selbst jedoch – für seine eigene Gesundheit, seine Entwicklung gar? Vielen Menschen sind solche Gedankengänge eher rudimentär vertraut, denn dazu wurden sie nicht erzogen. Für sich selbst zu sorgen – das hat fast schon ein „G'schmäckle“, wie die Schwaben sagen, das riecht doch nach Egoismus und, pfui, Selbstverwirklichung. Uns geht es nicht darum, Sie auf den „Ego-Trip“ zu bringen. Mit „Eigenverantwortung“ meinen wir, die Maxime „Nur wer gut für sich selbst sorgen kann, kann auch gut für andere sorgen!“ praktisch zu leben.

Wer die Gaben und Talente, die in jedem von uns angelegt sind, überhaupt wahrnehmen will, der muss zunächst Verantwortung für sich übernehmen, seine eigene Wahrnehmung verbessern – und dann kann er diese Gaben auch ganz bewusst für andere einsetzen! Er muss sich nicht mehr aus falsch verstandener sozialer Verantwortung z. B. mit Ehrenämtern wie etwa einem ungeliebten Kassenwartsjob plagen, den er u. U. nicht einmal so gut macht wie jemand, dessen Begabung tatsächlich in diesem Bereich liegt. Ein Mensch, der eigenverantwortlich handeln kann, kommt u. U. dahin, dass er den ungeliebten Kassenwartsjob aufgibt und sich zutraut, älteren Menschen auf der Gitarre vorzusingen und -zuspielen – und ihnen damit eine Riesenfreude bereitet! Und damit wird endlich der Kassenwartsjob frei, den der pensionierte und sich etwas überflüssig fühlende Buchhalter schon immer richtig gerne gemacht hätte …

Psychologen sind der Meinung, dass die Fähigkeit, für sich selbst Verantwortung zu übernehmen, die wichtigste und wirkungsvollste sei, wenn es darum geht, seelischer Not vorzubeugen und den Gemeinschaften, in denen wir leben, positive Energie zufließen zu lassen (vgl. Juul 1996). Warum das so ist, soll im Folgenden erläutert werden.

Nehmen Sie doch noch einmal Ihre Liste zur Hand. Welcher der Punkte, die Sie notiert haben, fällt unter „Eigenverantwortung" wie z. B. „Für gesunde Ernährung sorgen", „Ausreichend schlafen", „Persönliche Entspannungszeiten einplanen", „An meine Altersvorsorge denken" oder „Mich auf beruflichem oder kulturellem, religiösem, politischem Gebiet weiterbilden"? Und wie sah es auf der anderen Seite, der der sozialen Verantwortung, aus? Welche Seite überwiegt bei Ihnen?

Kinder im Hinblick auch auf ihre Fähigkeit zu sozialer Verantwortung zu erziehen, ist sinnvoll, jedoch nicht der einzige Maßstab einer „guten" Erziehung. Was nicht passieren sollte, ist, dass sich aus Kindern Menschen entwickeln, die sich „überverantwortlich" fühlen – aber nur im Hinblick auf andere – und die Fähigkeit verlieren, Verantwortung für sich selbst zu übernehmen. Solche Menschen fühlen sich oft frustriert in ihren Beziehungen zu anderen. Wenn jemand darauf trainiert wird, immer zuerst danach zu schauen, dass es den anderen durch das eigene Verhalten nicht schlecht geht, dann nimmt dieser Mensch nicht richtig wahr, was er selbst braucht und fühlt, und hat auch keine Sprache dafür, sich auszudrücken – was Beziehungen kompliziert macht (Erinnern Sie sich an das Beispiel des Mädchens Patrizia?). Das Risiko für einen Burnout ist hoch – ebenso wie das, unter ständigen Gewissensbissen zu leiden. (Wir werden darauf im Zusammenhang mit „Opferrollen" noch zurückkommen.)

Werden Kinder aber auch dazu angehalten, Eigenverantwortung zu übernehmen – für ihre Bedürfnisse wie

Essen oder Schlafen, später für die Schule und Hausaufgaben, Kleidung, Taschengeld oder Aufstehen zu sorgen – dann entsteht gleichsam als Dreingabe auch ein Gefühl für soziale Verantwortung. Auf den konkreten Alltag bezogen kann das bedeuten, Kindern eben nicht den Teller voll zu schöpfen und zu erwarten, dass sie alles aufessen, sondern ihnen zuzugestehen, dass sie früher satt sind, als man vermutet hätte – ihnen zuzugestehen, dass sie ihrem eigenen Hungergefühl trauen. Es kann auch bedeuten, nicht zu sagen: „Du gehst jetzt ins Bett, weil du müde bist!", obwohl das Kind einen ausgedehnten Mittagsschlaf gemacht hat, nur weil man selbst gern seine Ruhe hätte.

Die Kinder werden so keine Egoisten, wie vielfach befürchtet wird, sondern entwickeln sich zu psychisch stabilen Erwachsenen mit einem guten Selbst(wert)gefühl – und aus diesem heraus besitzen sie soziale Kompetenz und ein Gespür für gemeinschaftliches Miteinander.

Kinder wollen kooperieren. Es gibt aber Kinder, die überkooperieren, die sich überverantwortlich zeigen, immer zugunsten eines jüngeren Geschwisters zurückstecken oder sich anstelle des Ehepartners für die Mama oder den Papa verantwortlich fühlen. Gibt es Erwachsene in der Nähe eines Kindes, die eingreifen, wenn ein Kind sich so verhält – und das ist bisher nur sehr selten der Fall, denn gerade diese Kinder sind ja so besonders „lieb" und damit pflegeleicht! – dann wirken sie daran mit, dass das Kind ein gesundes Selbst(wert)gefühl entwickelt und legen die Basis für ein Leben als sozial kompetenter Erwachsener, der die richtige Mischung aus Nähe und Distanz zu seinen Mitmenschen findet. Mit anderen Worten: der seine eigene Integrität – und damit seine psychische und physische Gesundheit – nicht zugunsten anderer opfert.

„Was mach' ich bloß damit?" – Verantwortung für die Gefühle anderer

Wir haben in diesem Buch oft davon gesprochen, wie Gefühle durch Gedanken beeinflusst werden und wie wichtig es ist, sich seiner Gefühle bewusst zu sein. Wir haben auch schon davon gesprochen, wie wichtig es ist, *Verantwortung* für seine Gefühle zu übernehmen – auch wenn wir es noch nicht so genannt haben. (Anfang des dritten Kapitels, als es darum ging, seinen negativen Denkmustern auf die Schliche zu kommen – erinnern Sie sich?)

Wie sieht es aber mit den Gefühlen anderer aus? Sind wir für diese auch verantwortlich? Was meinen Sie?

Jeder kennt das von anderen und vielleicht auch von sich selbst: „Du siehst heute richtig gut aus!", sagen wir zu unserer Freundin, mit der wir uns zum Essen verabredet haben, weil wir finden, dass ihr das leuchtende Blau ihres neuen Tops so gut steht – und statt einem Lächeln über ein ehrlich gemeintes Kompliment ernten wir: „Was soll das heißen – heute? Seh' ich sonst etwa schrecklich aus?" „Mann, wie bist du denn heute drauf!" seufzen wir innerlich und sind gespannt, wie sich der Abend noch entwickelt.

Dieses Beispiel soll verdeutlichen, dass wir keine Kontrolle über die Gefühle unserer Mitmenschen haben – buchstäblich „beim besten Willen" nicht! Natürlich üben wir durch das, was wir sagen oder tun, einen Einfluss aus – aber wie das Gesagte oder Getane letztlich beim Gegenüber ankommt, entscheidet er oder sie selbst! Um andere zu kränken, müssen wir auf eine bestimmte Art handeln – und der andere muss sich durch dieses bestimmte Tun gekränkt fühlen. Um andere zu enttäuschen, müssen wir etwas sagen, tun oder unterlassen – und der andere muss sich bestimmte Erwartungen gemacht haben, die er nun von uns nicht erfüllt sieht. Will man für gute Stimmung untereinander sorgen, dann müssen beide Gesprächspartner dazu beitragen. (Hin und wieder hat man aber auch Glück und lernt eines dieser seltenen Exemplare der Gattung Mensch kennen, die mit einem gesunden Selbstwertgefühl und einer großen Portion Humor und Selbstironie ausgestattet sind, bei denen man nicht jedes Wort auf die Goldwaage legen muss.)

Was hat das alles mit schlechtem Gewissen zu tun? Oft ist es doch so, dass man ein schlechtes Gewissen hat, weil man andere vermeintlich enttäuscht, gekränkt, beleidigt, lächerlich oder wütend gemacht hat. Letztendlich hat man aber keine Kontrolle über die Gefühle anderer. Wir machen uns dann unser schlechtes Gewissen umsonst. Die Verantwortung für die Gefühle anderer dürfen wir ablehnen, wenn deren Reaktionen

a) für uns unvorhersehbar und von uns unbeabsichtigt oder
b) aufgrund unrealistischer oder widersprüchlicher Erwartungen an uns entstanden sind.

Zu a): Manchmal reagiert ein und derselbe Mensch in vergleichbaren Situationen ganz unterschiedlich – und wir können nicht vorhersehen, welche Reaktion zu einem bestimmten Zeitpunkt an der Reihe sein wird. (So wie bei der Freundin mit dem blauen Top.) Manchmal reagieren Menschen auf ganz unverfängliche Äußerungen verletzt, weil sie einen wunden Punkt in ihrer Geschichte treffen: „Und, wie geht's dir und deiner Familie so?", fragen Sie einen Bekannten, den Sie schon eine Weile nicht mehr getroffen haben. Er steht an der Ecke der Straße und hat sich gerade mit ein paar anderen Leuten unterhalten. Sie freuen sich, dass Sie ihn sehen. „Wie meinst du das jetzt?", meint er. Sie werden unsicher, weil Sie merken, dass irgendetwas falsch läuft und da bekommen Sie auch schon zu hören: „Die Esther und ich lassen uns scheiden." Sie spüren, wie schlimm es für ihn ist, so etwas hier vor allen Leuten auszusprechen und würden am liebsten in den Boden versinken. Der Vorfall ist Ihnen peinlich, Sie haben ein schlechtes Gewissen, Ihren Bekannten in solch eine Situation gebracht zu haben – aber wenn Sie gewusst hätten, wie es um seine Ehe steht, hätten Sie natürlich nicht so öffentlich danach gefragt!

Tipp:
Wenn Sie verantwortlich mit den Gefühlen anderer umgehen möchten, können Sie sich sagen: „Es tut mir Leid, wenn ich der Anlass dazu war, dass jemand anders sich schlecht gefühlt hat." Sie können dies durchaus auch dem betroffenen Menschen sagen. Für sich selbst aber sollten Sie dabei nicht vergessen hinzuzufügen: „Letztlich weiß ich, dass ich keine Kontrolle darüber habe, wie ein anderer sich fühlt – die Verantwortung dafür, wie wir uns fühlen, muss jeder selbst übernehmen. Die Verantwortung dafür, wie wir uns fühlen, liegt bei uns selbst."

Natürlich soll hier nicht für „Wurstigkeit" im Sinne eines „Selber schuld, wenn du dich von mir kränken lässt!" plädiert werden. Es geht nicht darum, anderen rücksichtslos und ohne Taktgefühl die Wahrheit gnadenlos ins Gesicht zu sagen („Ich hab' noch nie jemanden gesehen, der so eine schlimme Akne hat wie du!"). Selbstverständlich kann man Rücksicht nehmen, wenn man weiß, dass jemand auf bestimmte Dinge hochempfindlich reagiert. Und es versteht sich von selbst, dass man, will man erfolgreich mit anderen zusammenleben, seine eigenen Wünsche auch einmal zurückstellt zugunsten anderer. Nur: Ob diese Rücksichtnahme auf die Gefühle anderer in einem ausgewogenen Verhältnis zu der Rücksichtnahme, die Sie selbst erfahren, steht: Das sollten Sie gelegentlich überprüfen! Wenn immer Sie es sind, die aus schlechtem Gewissen heraus, weil Sie sich nicht aufdrängen wollen, zurückstecken, dann läuft etwas schief. Und eines muss man wissen: So viele unterschiedliche Menschen es gibt, so viele unterschiedliche Bedürfnisse gibt es auch. Wenn Sie es immer allen recht machen wollen, die volle Verantwortung dafür übernehmen, dass es in Ihrer Gegenwart niemandem schlecht geht – dann wird Ihnen bald die Puste ausgehen.

Zu b) Nicht nur wir selbst, auch unsere Mitmenschen hegen oft Erwartungen an uns, die unrealistisch oder widersprüchlich sind. Manchmal entspringen diese einem ausgeprägten Egoismus desjenigen, der sie hegt, wie Anna, mittlerweile 65 Jahre alt, erfahren musste:

„Meine Mutter war Kriegerwitwe. Ein paar Wochen nachdem sie die Nachricht vom Tod meines Vaters im April 1945 erhalten hatte, musste sie mit meinem Zwillingsbruder und mir, damals sechs Jahre alt, aus dem Sudetenland in die damalige DDR flüchten. Ein schreckliches Schicksal, das sie zeit ihres Lebens nicht verwinden konnte. Sie, die immer ein kränkliches Kind gewesen war, legte sich oft ins Bett, und ich musste als Kind und Teenager alles machen: Kochen, Putzen, Wäsche waschen … Nach meiner Heirat bekam ich innerhalb von sechs Jahren fünf Kinder. Als das jüngste ein halbes Jahr alt war, übernahm ich eine Halbtagsstelle als Erzieherin in einem Kindergarten, weil ich so alle Kinder mitnehmen konnte und trotzdem zur Finanzierung des Hauses beitragen konnte, das wir gebaut hatten, um mehr Platz zu haben. Nach unserer Heirat bis kurz nach der Geburt unserer beiden ersten Kinder hatten mein Mann und ich im gleichen Ort wie meine Mutter gewohnt, aber da sie gegen die Heirat gewesen war, wurden die

Spannungen unerträglich, und wir zogen wieder an verschiedene Orte, eine Dreiviertelstunde Fahrt mit dem Auto voneinander entfernt. Meine Mutter erwartete von mir, dass ich sie jeden Tag anriefe – was ich mich auch sehr bemühte zu tun, obwohl sie mir dabei immer Vorhaltungen machte, wie einsam sie sei und dass sich niemand um sie kümmere. Gelang es mir nicht, anzurufen, hatte ich ein ganz schlechtes Gewissen, ebenso wenn es mal nicht möglich war, sie alle zwei Wochen zu besuchen. Ich hatte eigentlich permanent ein schlechtes Gewissen ihr gegenüber, das sich noch steigerte, als sie mit 76 Jahren in ein Altenheim umziehen musste. Hätte ich sie zu Hause aufgenommen, wären meine Ehe und unser Familienleben dabei draufgegangen. Wir hatten ja nicht einmal mit ihr im gleichen Ort wohnen können, ohne dass es ständig Streit wegen ihr gab! Zu meiner Tochter sagte sie einmal: „Ich hätte nie gedacht, dass die Anna mich mal allein lässt!" – und sie meinte damit, dass ich einmal heiraten und aus der gemeinsamen Wohnung ausziehen würde. Aber noch heute, 13 Jahre nach ihrem Tod, mache ich mir Vorwürfe, mich ihr gegenüber nicht richtig verhalten zu haben. Mein Zwillingsbruder hat solche Gewissensbisse überhaupt nie gehabt, obwohl er eigentlich „Mamas Kind" war und nicht ich."

Annas Mutter ging davon aus, dass Anna ledig bleiben würde, um die Mutter weiterhin versorgen zu können; sie wollte mit der Tochter im selben Ort wohnen; sie erhoffte sich trotz der vorangegangenen Zwistigkeiten, dass die Tochter sie, als sie gebrechlich wurde, bei sich aufnehmen würde, obwohl diese eine Arbeit hatte und eine große Familie zu versorgen; sie erwartete außerdem tägliche Anrufe – obwohl sie als Mutter von Zwillingen doch hätte wissen müssen, dass das in der Situation ihrer Tochter einfach unmöglich war. Und es gelang ihr, der Tochter ein permanent schlechtes Gewissen zu machen. Annas Geschichte ist auch ein Beispiel dafür, dass widersprüchliche Erwartungen uns das Leben schwer machen können: Anna wollte gleichzeitig eine treue Tochter und eine gute Mutter und Ehefrau sein – das alles war in ihrem Fall nicht so unter einen Hut zu bringen, dass sie allen Erwartungen gerecht werden konnte

Man kann sich fragen, wie die Beziehung zwischen Mutter und Tochter sich wohl entwickelt hätte, hätte die Tochter am Anfang ihrer Ehe zu ihrer Mutter gesagt: „Schau mal, Mutter – ich tue nur das, was du auch getan hast und was alle machen: Ich ziehe von zu Hause aus und gründe eine eigene Familie. Das ist mein gutes Recht. Du brauchst nicht zu versuchen, mir deswegen ein schlechtes Gewissen zu machen – dazu hast du kein Recht, und das wird dir auch nicht gelingen." So etwas wäre Anna sicherlich sehr brutal vorgekommen – aber wie wir schon am Beispiel der jungen Frau, die ihren Zopf abschneiden ließ, gesehen haben, enttäuscht man manchmal Menschen, die einem nahe stehen, wenn diese nicht einsehen können, dass man sich verändert, entwickelt und dass es Zeit ist loszulassen.

Sie werden zeit Ihres Lebens immer wieder Menschen enttäuschen – sei es, weil diese sich unrealistische Erwartungen von ihnen gemacht haben, sei es, weil Sie tatsächlich einmal ihrer Verantwortung nicht gerecht geworden sind. Im Gegenzug wird es aber auch immer wieder Menschen geben, von denen Sie auf die gleiche Weise enttäuscht werden. Das ist ein normaler Bestandteil des Lebens.

Menschen reagieren allerdings unterschiedlich auf diese Tatsache: Manche sind enttäuscht von sich selbst, wenn sie ihren Ansprüchen nicht gerecht werden können, und geraten natürlich erst recht ins Rotieren, wenn diese Ansprüche auch noch unrealistisch oder gar widersprüchlich sein sollten! Diese Perfektionisten haben es wirklich schwer: Oftmals sind sie mit einem eher labilen Selbstwertgefühl ausgestattet, was dazu führt, dass sie sich in ihrer ganzen Person abwerten, wenn sie gegen ihre eigenen Ansprüche und moralischen Werte verstoßen. Diese Menschen können sich nicht sagen: „Da und dort habe ich einen Fehler gemacht, aber ich bin trotzdem noch als Mensch liebenswert!" Sie sind besonders anfällig für Schuldgefühle.

Dem entgegengesetzt gibt es Menschen, die völlig skrupellos das Leben oder die Gesundheit anderer aufs Spiel setzen, um sich persönlich zu bereichern oder die sich kaum jemals Gedanken über die Folgen ihres Handelns machen. Ein schlechtes Gewissen oder gar Schuldgefühle sind Emotionen, die sie nicht kennen.

Und dann gibt es noch Menschen, die Wertmaßstäbe haben, Richtlinien, nach denen sie leben wollen – und denen das mal mehr und mal weniger gut gelingt. Sie sind sich ihrer Fehler bewusst, ohne darüber in Selbstzerfleischung zu verfallen.

Kehren wir zurück zum Thema „Verantwortung":

Vielleicht haben Sie Lust, sich eine Situation, in der Sie in letzter Zeit ein schlechtes Gewissen hatten, ins Gedächtnis zu rufen? Fragen Sie sich: „War mein Verhalten in dieser Situation verantwortungslos?" Oder: „Habe ich jemanden in Lebensgefahr gebracht?" Sie werden schnell merken, dass Situationen wie „Kind mit ungebügelten Kleidern in den Kindergarten geschickt" oder „Nur fünf Leuten zu Weihnachten geschrieben und die anderen zehn nicht auch noch geschafft" ganz sicher nicht in diese Kategorie fallen – und dass Sie spontan durchatmen können.

Den wenigsten von uns ist es egal, welche Folgen ihr Handeln hat. Sie machen sich Gedanken über ihr Verhalten, wollen verantwortungsbewusst auftreten – und dennoch gibt es immer wieder Situationen, bei denen man sich hinterher fragt: „Was war da nur mit mir los? Warum habe ich nicht das Richtige getan?“ Es gibt mancherlei Gründe dafür:

Überforderung, Müdigkeit, Stress und Zeitdruck

Für einen Angestellten, der zwölf verschiedene Projekte im In- und Ausland gleichzeitig betreut, ist es manchmal einfach unmöglich, den Überblick zu wahren. Gerade versucht er, sich in die eine Angelegenheit hineinzudenken, da kommen schon wieder fünf Anfragen zu den anderen Geschichten, die natürlich alle ganz, ganz dringend sind – wie macht man alles gleichzeitig und alles richtig?

Eine Mutter von zwei kleinen Kindern, die erkältet ist und Kopfschmerzen hat, die in der Nacht nicht zur Ruhe kam, weil der Jüngste zahnt und weinerlich drauf ist, ist vielleicht überfordert, wenn der Große die Himbeeren, anstatt sie zu essen, an die Tapete der Mietwohnung schmiert und strahlend verkündet: „Hannes malen!“ – „Du, warte mal, mein Schatz, ich finde das jetzt einfach nicht so gut, weil ...“ kommt ihr wahrscheinlich weniger leicht über die Lippen als ein lauter Verzweiflungsschrei und die dazu passende Schimpftirade – auch wenn sie schon im Augenblick danach genau weiß, wie Leid ihr das tut.

Unwissenheit oder Mangel an Erfahrung

In den 1970er-Jahren war es nicht üblich, dass Frauen ihre Kinder stillten. Man empfand es als Fortschritt, dass es Fläschchennahrung gab, die doch viel hygienischer sei. Heute weiß man, dass das Stillen viele Vorteile hat. Muss sich eine frisch gebackene Großmutter, die sieht, wie ihre Tochter mit Freude ihr Neugeborenes stillt, nun ein schlechtes Gewissen machen, weil sie nicht gestillt hat? Wir meinen: Nein! Sie hat damals auch das Beste für ihr Kind gewollt und nach bestem Wissen und Gewissen gehandelt – mehr kann man nicht verlangen.

Junge Menschen haben ein Recht darauf, ihre eigenen Erfahrungen zu machen – „Nur aus Erfahrung wird man klug!“, heißt es völlig zu Recht. Einem Fahranfänger genügt es deswegen nicht, eine fehlerfreie theoretische Fahrprüfung hinzulegen – die Fahrpraxis ist wichtig! Wer aber hätte nicht schon einmal beim rückwärts Einparken einen Mülleimer oder einen Pfosten übersehen? Hinterher wussten wir alle genau, dass wir zu weit nach links, nach hinten, zur Seite ausgeschwenkt waren …

Veränderte Prioritäten

Jemand, der immer ein ehrgeiziger Schüler und strebsamer Student war, spürt vielleicht durch eine neue Arbeitskollegin, die seine Freundin wird und die ganz anders ist als er selbst, dass man das Leben auch so angehen kann: ruhiger, mal fünf gerade sein lassen und mal bis in die Puppen feiern … „Wieso hab' ich alles immer so verbissen gesehen?“ fragt er sich vielleicht und bedauert es, nicht doch ein Auslandssemester eingelegt zu haben wie seine Kommilitonen – er war dafür ein halbes Jahr früher fertig mit dem Studium als alle anderen. Was ihm damals aber als so erstrebenswert erschien, ist es jetzt nicht mehr. Genießen können, mit Freunden zusammen sein – das lernt er nun erst so langsam kennen und schätzen. Macht er sich jetzt Vorwürfe für sein damaliges Verhalten, nützt ihm das nichts mehr: Er *konnte* damals nicht anders denken, weil er bestimmte Erfahrungen, die seine Prioritäten verändern würden, noch nicht gemacht hatte.

Sind wir zu einem bestimmten Zeitpunkt unseres Lebens der Ansicht, dass gewisse Entscheidungen genau so und nicht anders gefällt werden müssen, dann hat es keinen Zweck, sich im Nachhinein ein schlechtes Gewissen zu machen, wenn wir feststellen, dass es doch besser gewesen wäre, anders zu handeln. Wir haben in diesem Augenblick getan, was uns als das Richtige erschien – und hellseherische Fähigkeiten besitzen wir nun einmal nicht.

Die genannten Gründe für fehlerhaftes Verhalten sind Erklärungen, die dabei helfen können, das man sich selbst und anderen verzeiht. „Aber es gibt auch Sachen, die kann ich mir nicht verzeihen – da habe ich wider besseres Wissen und Gewissen gehandelt!“ werden Sie jetzt vielleicht einwerfen. Der folgende Abschnitt macht Vorschläge, wie man damit umgehen könnte.

Verantwortung für die eigenen Fehler übernehmen – Entschuldigen, Wiedergutmachen etc.

Sie haben die Sachlage sorgfältig geprüft: Sie haben, als Sie Ihre „Verfehlung“ begangen haben, nicht versucht, widersprüchlichen oder unrealistischen Erwartungen zu genügen. Sie haben nicht versucht, hellseherische Fähigkeiten an den Tag zu legen, sondern Sie hätten wissen können, was passieren würde. Sie hatten genügend große Erfahrung auf diesem Gebiet. Und Ihre Prioritäten haben sich auch nicht geändert – Sie sind also der Meinung, dass Sie Ihr schlechtes Gewissen völlig zu Recht haben? Dass Sie wider besseres Wissen und Gewissen gehandelt haben? Gut. Was können Sie jetzt tun? Um das heraus zu finden, wenden wir uns Petra und Nicole zu.

Petra, 32, wird mit ihrer neuen Kollegin Nicole, 31, nicht so recht warm. In dem Schreibbüro, in dem sie beide arbeiten, herrscht keine strikte Kleiderordnung, und so kommt Petra gern in Jeans und T-Shirt ins Büro – und damit ist sie nicht die einzige. Nicole hingegen sieht immer aus wie aus dem Ei gepellt mit Bluse und Rock oder feiner Hose, passendem Schmuck und natürlich Make-up. „Die strebt wohl nach Höherem", denkt Petra und hegt die uneingestandene Sorge, dass Nicole auf sie herabsehen könnte. Dazu gibt Nicoles gleichbleibend freundliches Verhalten aber keinerlei Anlass – und Petra nahm Nicoles um eine Nuance nach oben gezogene Augenbraue, als Petra neulich mit Halbschuhen ins Büro kam, die vom letzten Waldspaziergang noch nicht ganz gründlich gereinigt waren, mehr unbewusst als bewusst wahr. Eines Tages öffnet Nicole ihre mitgebrachte Sprudelflasche. Es zischt und spritzt – und zwei kreisrunde große Wasserflecken entstehen ausgerechnet in der Höhe von Nicoles Oberweite auf ihrer sorgfältig gebügelten rosa Bluse. Petra macht keine Bemerkung, aber als sie später zufällig ihre Kollegin Ellen auf der Toilette trifft, meint sie: „Hast du Nicoles Bluse gesehen? Die propere Nicole ... die hat vielleicht bescheuert ausgesehen!" Beide lachen. In diesem Moment öffnet sich eine Toilettentür und Nicole, die alles mitangehört hat, tritt heraus. Sie wirft den beiden einen bitterbösen Blick zu und geht schnell hinaus.

„So ein Mist!", wird Petra jetzt vermutlich denken – und unter heftigen Gewissensbissen leiden. „Was mach' ich jetzt nur?"

In der Tat hat sie eine ganze Fülle von Handlungsmöglichkeiten, abhängig davon, ob sie die Verantwortung für ihr Verhalten übernehmen möchte oder nicht. Falls sie dies *nicht* tun möchte, kann sie das Geschehene

a) **verdrängen**. Bei der nächsten Begegnung mit Nicole wird sie einfach so tun, als sei nichts gewesen, in der Hoffnung, dass sich alles von selbst wieder einrenkt.
b) **leugnen**, falls sie darauf angesprochen wird. „Sag mal, was hast du dir eigentlich dabei gedacht?" fragt Nicole sie möglicherweise, worauf sie antwortet: „Wieso – bei was denn? Bescheuert, soll ich gesagt haben? Haha, da hast du dich aber gründlich verhört!"
c) **bagatellisieren**. „Also, ich weiß wirklich nicht, warum du dich da so anstellst – das war doch nur ein kleiner Scherz unter Kolleginnen! Das war doch nicht bös' gemeint!" Und sie könnte in diesem Zuge gleich
d) die **Verantwortung** für Nicoles Missstimmung **Nicole selbst** – oder Ellen – **in die Schuhe schieben**: „Du hast wohl überhaupt keinen Humor! Bist du aber empfindlich!" Oder: „Mensch, so was passiert mir immer nur, wenn ich mit der Ellen zusammen bin! Die hat aber auch immer so eine spitze Zunge, das ist echt schlimm mit der!"
e) **versuchen zu rechtfertigen**: „Wenn du halt auch immer so schnieke rumläufst! Ist doch klar, dass man sich dann auch mal eine Bemerkung anhören muss!"
f) **versuchen abzuschwächen**, indem sie eine **Gegenschuld** aufrechnet: „Und du? Du sagst zwar nichts, aber du guckst immer so abfällig! Das ist mindestens genauso schlimm!"

Bestimmt hat jeder von uns schon einmal zu einigen dieser Möglichkeiten gegriffen, um sein schlechtes Gewissen zum Schweigen zu bringen. Aber hat es geholfen? Oder war die Erleichterung nur kurzfristiger Natur? Der Konflikt zwischen Petra und Nicole jedenfalls, der durch Petras spöttische Bemerkung entstanden ist, wird durch ein solches Verhalten nicht gelöst. Auch wird zukünftigen Konflikten dadurch nicht vorgebeugt.

Dieses Gefühl des schlechten Gewissens ist ja zunächst einmal etwas, das man am liebsten verbergen würde – in erster Linie vor sich selbst, aber wenn das nicht geht, dann zumindest vor den anderen –, denn sich oder anderen einzugestehen, dass man einen Fehler gemacht hat, ist einfach nicht angenehm. Aber das Gefühl ist nun mal da, und zwar zu Recht, und so geht es jetzt darum, Verantwortung für es zu übernehmen – vor sich und den anderen –, damit es letztendlich allen Beteiligten wieder besser geht.

Ganz wichtig ist in unserem Beispiel, dass Petra nicht in diesem Gefühl des schlechten Gewissens verharrt, darin stecken bleibt. Was sie jetzt braucht, um handeln zu können, sind *gute Gedanken*, die sie unterstützen – denn es gibt durchaus Dinge, die sie tun kann. Sie kann

a) **Verständnis** für Nicoles Reaktion (Wut/Beleidigtsein, etc.) **empfinden** und **zeigen**: „Nicole, ich verstehe, dass du wegen meiner Bemerkung wütend auf mich bist/beleidigt bist .... Vermutlich ginge mir das an deiner Stelle genauso."
b) **Sich entschuldigen**: „Es tut mir Leid, dass ich das gesagt habe, Nicole. Bitte entschuldige."
c) Eventuell **Wiedergutmachung anbieten**: „Was könnte ich denn tun, damit du merkst, dass es mir mit meiner Entschuldigung ernst ist?" Vielleicht überlegt sich Nicole daraufhin, dass Petra ihr doch am Freitag Nachmittag den ungeliebten Telefondienst abnehmen könnte. Damit wäre das Beziehungskonto wieder ausgeglichen.

„Nein, nein, das ist völlig unmöglich, ich werde nie den Mut dazu aufbringen!" – das ist in den meisten Fällen unsere erste Reaktion auf derartige Vorschläge, übrigens eine ganz normale Sache. Petra darf sich aber sagen lassen – und das sind die *guten Gedanken*, die sie unterstützen, um vom Karussell des schlechten Gewissens abzuspringen: „Du bist wegen dieser Sache kein schlechter Mensch. Du hast nur einen Fehler gemacht – und wir alle machen immer wieder Fehler. Das gehört zum Menschsein einfach dazu!" Und eigentlich wäre es ja furchtbar mit einem Menschen zusammenzuleben, der nie Fehler machte – denn dann könnten wir von ihm, so er nicht mit weiteren übermenschlichen Kräften ausgestattet wäre, ja keinesfalls auf Nachsicht hoffen, wenn wir mal etwas falsch machten – er hätte vermutlich gar kein Verständnis dafür! Petra darf **sich selbst** diesen Fehler **verzeihen.**

Eine weitere Hilfe für Petra wäre, sich immer wieder vorzustellen – zu visualisieren –, wie sie zu Nicoles Schreibtisch geht, vielleicht kurz vor der Frühstückspause, wie Nicole dann den Kopf hebt und mit welchen Worten sie das Gespräch suchen könnte: „Du, Nicole, hast du mal einen Moment Zeit? Ich würde gerne mal mit dir reden." Das kann sie so lange tun, bis die Vorstellung ihren Schrecken verliert. Es wirkt tatsächlich!

Es wäre gut, wenn Petra ihr schlechtes Gewissen in ein **Reuegefühl umwandeln** könnte. Ein schlechtes Gewissen kann etwas sein, das man am liebsten verbergen würde. Reuegefühle dagegen schließen eine Hinwendung zum anderen ein und lassen den Wunsch nach Wiedergutmachung aufkommen. Reuegefühle sind prima – gratulieren Sie sich, wenn Sie sie verspüren! Sie sind nämlich ein Zeichen von Beziehungsfähigkeit. Nicht umsonst wird einem Verurteilten bei Gericht ein milderes Strafmaß zugeteilt, wenn er Reue zeigt. Und zu wissen, dass der „Täter" Reue empfindet, hilft denjenigen, denen Schaden zugefügt wurde, meist sehr.

Häufig reicht wirklich ein „Es tut mir Leid!", um eine Sache zwischen zwei Menschen ins Reine zu bringen. Oft ist der oder die andere genauso froh wie Sie, wenn der Vorfall damit endgültig vom Tapet ist und man sich wieder anderen Dingen zuwenden kann. Leider werden Beziehungen allzu oft durch eine unterbliebene Entschuldigung belastet – das ist besonders tragisch, wenn derjenige, der einen Fehler gemacht hat, Reue verspürt, diese aber nicht ausdrücken kann!

„Sich entschuldigen können" – hier kommt die Verantwortung wieder ins Spiel: Eine Entschuldigung schließt ein, dass ich Verantwortung für mein Tun und meine Gefühle – mein schlechtes Gewissen, mein Gefühl der Reue – übernehme in der guten Absicht, dass es hinterher allen Beteiligten wieder besser geht: Damit übernehme ich ein Stück weit auch Verantwortung für das Wohl der anderen. (Merken Sie etwas? Die These, dass man, wenn man Verantwortung für sich selbst übernehmen kann, gleichzeitig seiner sozialen Verantwortung gerecht wird, bestätigt sich hier.) Wenn die Beteiligten allerdings mit einer ehrlich gemeinten Entschuldigung nichts anfangen können – dann müssen Sie die Verantwortung für deren Gefühle nicht übernehmen.[1] Sie haben sich entschuldigt, eventuell Wiedergutmachung angeboten – das reicht. Sie dürfen sich selbst verzeihen und vom Karussell des schlechten Gewissens abspringen. Vielleicht braucht der oder die andere auch nur noch ein bisschen Zeit – lassen Sie sich nicht entmutigen, wenn man Ihnen die kalte Schulter zeigt. Der innere Prozess vom Ärger hin zur Ver-

[1] Wohlgemerkt: Wir sprechen hier von den kleineren Verfehlungen des Alltags, die sich schon ganz beträchtlich auf unser Wohlbefinden auswirken können – nicht von strafbaren Handlungen oder gar Verbrechen.

söhnungsbereitschaft wird durch Ihre Entschuldigung vielleicht erst angestoßen – und dauert dann einfach noch eine Weile. Aber wie gut, wenn Sie den Mut, sich zu entschuldigen, aufgebracht haben. Dann können Sie – ruhigen Gewissens – ein bisschen stolz auf sich sein.

Was Petra in unserem Beispiel beim Entschuldigen übrigens vermeiden sollte, ist, ihr Verhalten im Nachhinein zu rechtfertigen: „Es tut mir Leid, aber ich konnte gar nicht anders, weil …“ Das bringt überhaupt nichts, sondern führt möglicherweise ganz schnell in ein Streitgespräch, und die ersehnte Entlastung ist dahin. „Es tut mir Leid.“ Punkt.

Was Petra hingegen unbedingt tun sollte, ist, sich der **Motive** ihres Handelns **bewusst** zu werden und ebenso ihrer **uneingestandenen Gefühle** Nicole gegenüber, die zu dieser verletzenden Bemerkung geführt haben – mit dem Ziel, in Zukunft solche Konflikte vermeiden zu können. Petra nimmt Nicoles makelloses Äußeres wahr und vergleicht sich mit ihr. Sie möchte zwar selbst nicht so aussehen, aber sie hegt insgeheim die Sorge, dass Nicole denken könnte, dass sie ein Trampel sei, dass Nicole sich heimlich über sie lustig macht. Das wagt sie sich nicht einzugestehen, genauso wie sie Nicoles hochgezogene Augenbraue kaum bewusst wahrnimmt: Beides erzeugt in ihr ein schlechtes Gefühl, das sie aber sofort verdrängt, denn eigentlich will sie ja mit allen in Frieden leben und auch nicht an ihre Gefühle von Minderwertigkeit oder Unterlegenheit erinnert werden. „Was war da in der Toilette los mit mir? Warum hat es mir Freude bereitet, so spitzzüngig über Nicole zu reden? Was empfinde ich ihr gegenüber? Was ist das für ein Gefühl, wenn sie morgens den Raum betritt? Was denke ich da?“ Diese Fragen könnte sich Petra stellen.

Und wenn sie sich über ihre Gedanken und Gefühle im Klaren ist, kann sie überlegen: „Was will ich eigentlich am

Arbeitsplatz? Was ist mir wichtig?" Natürlich möchte sie ihre Arbeit gut machen – daran hindert Nicole sie in keiner Weise. Die Bürogenossin muss ja nicht ihre beste Freundin werden – es genügt, wenn man einander respektiert. Und von einer hochgezogenen Augenbraue muss sich niemand aus dem Konzept bringen lassen. Hier sind wir wieder beim Selbstwertgefühl angelangt: Im Grunde mangelt es Petra daran – sonst hätte sie es nicht nötig, andere durch kränkende Bemerkungen ab- und sich selbst aufzuwerten. Sonst müsste sie sich nicht so viele Gedanken darüber machen, was Nicole mutmaßlich von ihr denkt und könnte Nicoles Äußeres einfach unkommentiert stehen lassen, ebenso wie ihr eigenes.

Leider ist es tatsächlich so, dass Menschen mit einem labilen Selbstwertgefühl einerseits dazu neigen, sich wegen allem Möglichen ein schlechtes Gewissen zu machen, andererseits aber genau dann, wenn sie tatsächlich einen Fehler gemacht haben, nicht den Mut dazu aufbringen, sich zu entschuldigen.

Eine ehrlich gemeinte Entschuldigung kann enorm befreiend wirken. Wenn wir aus gutem Grund einem anderen Menschen gegenüber ein schlechtes Gewissen haben, sind wir mit unseren Gedanken und Gefühlen sehr stark an diesen Menschen gebunden. Eine solche Beziehung kostet sehr viel Energie! Wenn wir uns aber „ent-schuldigen" mit einer Bitte um Verzeihung, die aus einem ehrlichen Reuegefühl heraus entstanden ist, so kann das in uns sehr viele positive Energie freisetzen, die wir an anderer Stelle einbringen können – unser Leben bekommt wieder mehr Schwung! Verena Kast schreibt: „Es gehört aber zum Erwachsenenleben, irgendwann zu merken, dass man weder weiß noch schwarz ist, sondern grau. Man ist weiß und schwarz. Dafür muss man Verantwortung übernehmen. Es geht nicht an, sich als ganz gut zu sehen, nur dafür Verantwortung zu übernehmen und das Nicht-Gute auf die Mitmenschen zu projizieren. Wir sind alle gut und böse. Können wir das akzeptieren, dann ist es möglich, uns in einer Situation, in der wir uns schuldig fühlen, zu fragen, was wir falsch gemacht haben und was wir in die Verantwortung nehmen müssen. Damit können wir uns von den Schuldgefühlen distanzieren, sie haben zunächst ihren Zweck erfüllt, nämlich die Frage zu stellen, was in die Verantwortung genommen werden muss" (Kast, Abschied von der Opferrolle, 2004, S. 149).

Ein schlechtes Gewissen kann also den Zweck erfüllen, dass man sich selbst fragt, was in die Verantwortung genommen werden muss – und was nicht. Wie wir weiter oben allerdings schon ausgeführt haben und es im folgenden Kapitel noch tun werden, glauben wir nicht, dass zu dieser Frage immer ein schlechtes Gewissen vonnöten ist.

Wertorientiert leben: Gehört ein schlechtes Gewissen unabdingbar dazu?

Gibt es Situationen, in denen es angebracht ist, ein schlechtes Gewissen zu haben, ja, in denen man geradezu ein schlechtes Gewissen haben *muss*, weil man sonst ein unmoralischer Mensch ist? Wann immer wir diese Fragen stellten, erhielten wir die fast einhellige Antwort: Ja, es gibt solche Situationen. Menschen ohne schlechtes Gewissen sind unmoralisch. Sie haben keine Wertmaßstäbe, nach denen sie leben. Die Tatsache, dass man ein schlechtes Gewissen hat, beweist einem, dass man Moral und Anstand in sich trägt. Sehen Sie das ebenso?

Wir glauben das nicht. Unserer Meinung nach kann man ein Mensch sein, der nach moralischen Maßstäben lebt, ohne dass man sich wegen eigener Fehler ein schlechtes Gewissen machen muss. Was man allerdings haben darf, ist die Fähigkeit, sich seine Fehler zu verzeihen – *und* den Willen, aus ihnen zu lernen.

Zum besseren Verständnis kehren wir noch einmal zum Beispiel von Petra und Nicole zurück. Wann könnte Petras schlechtes Gewissen entstehen? Zum einen vielleicht schon, während sie noch über Nicole spottet, denn im Grunde weiß sie genau, dass sie im Begriff ist, Nicole ungerechtfertigterweise abzuwerten. Vermutlich verstärkt sich das schlechte Gewissen noch in dem Moment, als Nicole aus der Toilette tritt – da könnte Petra denken: „Mist, sie hat gehört, was ich über sie gesagt habe. Man darf keine gemeinen Sachen über Leute sagen – und schon gar nicht hinter deren Rücken. Das war nicht richtig von mir. Ich bin ein schlechter Mensch." Diese Gedanken, in denen Petra ihr Handeln mit ihren Wertvorstellungen abgleicht, lösen bei ihr ein schlechtes Gewissen aus. Gedanken können Gefühle auslösen – darüber haben wir bereits gesprochen. Petra hat also Werte verinnerlicht, die sie für richtig und sinnvoll hält … und sie hat einem dieser Werte in einer bestimmten Situation nicht entsprochen. An die vielen anderen Situationen, in denen sie in der Lage war, im Einklang mit ihren Wertvorstellungen zu handeln, denkt Petra nicht, als sie sich vorhält: „Ich bin ein schlechter Mensch."

Aber was bewirkt die Tatsache, dass Petra ein schlechtes Gewissen hat? Macht dieses schlechte Gewissen aus ihr einen besseren Menschen; hält es sie davon ab, in Zukunft wieder schlecht über andere zu reden? Wohl kaum. Was es aber möglicherweise bewirkt, ist, dass Petras ohnehin labiles Selbstwertgefühl durch ihre Selbstabwertung einen noch größeren Knacks bekommt.

Wir stellen uns das Gefühl des schlechten Gewissens eher wie eine Sackgasse vor: Einmal hineingeraten, muss man eine komplette Kehrtwende machen, um nicht gegen Mauern zu rennen und sich selbst Schaden zuzufügen, sondern wieder vorwärts zu kommen. Diese Kehrtwendung können aber nur die guten Gedanken auslösen, von denen wir im vorigen Abschnitt schon gesprochen haben: Sich das Gefühl des schlechten Gewissens eingestehen und es nicht leugnen – sich verzeihen – sich überlegen, was man tun könnte als Entschuldigung oder Wiedergutmachung und überlegen, wie man in Zukunft diesen Fehler vermeiden kann.

Es sind die Normen und Werte, die wir in uns tragen, die uns bedeuten, was für uns richtig oder falsch ist – und nicht unser schlechtes Gewissen. Dieses ist ja nur eine Reaktion auf den Gedanken: „Ich habe gegen die Norm verstoßen. Deswegen bin ich ein schlechter Mensch, muss mich schuldig fühlen und mich schämen!“ Diesen letzten Satz dürfen Sie streichen und durch: „Ich muss jetzt Verantwortung für mich und mein Tun übernehmen!“ ersetzen.

Angenommen, Petra hätte folgendermaßen gedacht: „Mensch, jetzt kommt ausgerechnet die Nicole aus der Toilette – sie hat alles mit angehört! Ich sollte wirklich nicht gemein über andere Menschen reden – ich möchte ja auch nicht, dass andere das über mich tun. Nicole ist jetzt bestimmt ärgerlich auf mich – und das zu Recht. Mir würde es genauso gehen. Ich sollte mich bei ihr entschuldigen.“ – hätten Sie dann das Gefühl, dass irgendetwas fehlt? Glauben Sie, dass die Selbstabwertung: „Ich bin ein schlechter Mensch, weil ich das gemacht habe!“ und das dazugehörige schlechte Gewissen nötig sind, damit Petra eine Lösung für ihr Problem findet? Wir glauben das nicht. Das schlechte Gewissen erscheint uns als Umweg, der Zeit und Energie kostet.

Wenn man über ein Gefühl wie schlechtes Gewissen nachdenkt und sich wünscht, man hätte weniger davon, sucht man meist rasch nach Patentrezepten und Regeln, nach neuen Verhaltensmustern, die garantieren, dass man glücklicher lebt: Wenn man sich nicht ständig ein Gewissen machen würde, dann wäre man befreiter, ausgeglichener, zielorientierter ... Worüber man leider nicht nachdenkt, ist die Frage, was der persönliche Nutzen eines schlechten Gewissens ist. Wir gehen davon aus, dass sich Menschen immer in irgendeiner Weise sinnvoll verhalten. Auf dieser Annahme basiert unsere Hypothese: Menschen brauchen aus mehr oder weniger bewussten Gründen „ihr" schlechtes Gewissen. Wo es gelingt, den wahren Nutzen der Gewissensbisse zu erkennen, eröffnen sich Wahlmöglichkeiten. Wir können uns dann entscheiden zwischen

a) Weiterleben mit schlechtem Gewissen oder
b) Leben mit bewussten, selbstverantworteten Entscheidungen.

Im Folgenden einige Ideen zu möglichen „Vorteilen" und Nachteilen eines schlechten Gewissens:

Vorteile für mich: So ein handfestes schlechtes Gewissen kann eine Reihe (scheinbarer!) Vorteile für mich bedeuten: Wenn ich der Ansicht bin, dass dieses schlechte Gefühl des schlechten Gewissens an sich schon eine Art Buße oder Sühne für meine „Vergehen" darstellt, dann muss ich ja gar nichts weiter tun! Stattdessen darf ich:

- mir Vorhaltungen machen, was ich früher schon alles falsch gemacht habe – das hält mich davon ab, mich mit meinen jetzigen Problemen auseinander zu setzen;
- mir ein bisschen selbst leid tun;
- den Gedanken daran, mir selbst zu verzeihen, ganz weit von mir wegschieben – danach müsste ich ja eventuell handeln;

- den Gedanken daran, mir selbst über meine Motive und Gefühle Rechenschaft zu geben, am besten ebenfalls gleich wieder vergessen – dies könnte ja dazu führen, dass ich mir Konflikte oder negative Verhaltensweisen, die ich mit meinem Selbstbild nicht in Einklang bringen kann, bewusst machen muss;
- vor der Tatsache, dass ich für mich selbst Regeln für mein Verhalten entwickeln muss, ganz fest die Augen verschließen.

(Vielleicht habe ich sogar Glück, und es kommt jemand, der mich bedauert, weil ich mich ja so mies fühle!)

Nachteile für mich: Die Nachteile des schlechten Gewissens liegen auf der Hand:
- Ich fühle mich schlecht und minderwertig.
- Ich fühle mich demjenigen, der bei mir ein schlechtes Gewissen auslöst, unterlegen; gleichzeitig bin ich sehr stark in meinen Gedanken und Gefühlen an ihn gebunden. Das gibt diesem Menschen Macht über mich, ich fühle mich unfrei. Ich werde mich bemühen, besonders lieb und nett zu ihm zu sein – oder ich werde aggressiv ihm gegenüber. Auf alle Fälle habe ich das Gefühl, eher *reagieren* zu müssen als *agieren* zu können.
- Unter Umständen zieht mein schlechtes Gewissen Verhaltensweisen nach sich, für die ich wiederum Schuldgefühle empfinde: Notlügen, Geheimnisse etc.
- Wenn ich den Weg aus der Sackgasse des schlechten Gewissens nicht finde, werde ich vermutlich die gleichen Fehler immer wieder machen – denn ich werde mir nicht bewusst machen, was meine Motive und Gefühle sind!
- Ein ausgeprägtes schlechtes Gewissen kann intensive körperliche Reaktionen hervorrufen: Magenschmer-

zen, Muskelverspannungen, Schlafstörungen, Atemnot ... Die Liste der Symptome ist lang und kann individuell ganz verschieden aussehen.
- Verdrängen, bagatellisieren, leugnen (vgl S. 129) – das alles sind Verhaltensweisen, die uns nicht voranbringen, unter Umständen sogar schaden, wenn der Wunsch nach Verdrängung z. B. so groß wird, dass zu Suchtmitteln (Alkohol, Tabletten, etc.) gegriffen wird.

Vorteile meines schlechten Gewissens für andere:
- Ich werde leichter manipulierbar.
- Ich schlage demjenigen, der bei mir ein schlechtes Gewissen auslöst, weniger leicht Wünsche ab oder setze mich nicht mehr zur Wehr, werde u. U. inkonsequent in meinem Verhalten (z. B. Kindern gegenüber), mit anderen Worten: Ich riskiere keinen weiteren Konflikt mehr mit ihm.

Nachteile meines schlechten Gewissens für andere:
- Wenn ich aus der Sackgasse „schlechtes Gewissen" nicht herausfinde, werde ich vermutlich die gleichen Fehler, unter denen anderen zu leiden haben, immer wieder begehen.
- Die Beziehungen zu anderen bleiben belastet, Konflikte werden nicht durch offenes Ansprechen oder eine Entschuldigung geklärt.
- Mein Verhalten wird unter Umständen unberechenbar (mal aggressiv, mal nachgiebig).

Interessanterweise kann unsere Neigung zu schlechtem Gewissen ganz unterschiedlich stark ausgeprägt sein: Viele Menschen neigen in der Beziehung zu ihren Eltern beispielsweise dazu, sich sehr leicht ein schlechtes Gewissen machen zu lassen, obwohl sie sich andererseits am Arbeitsplatz ganz gut dagegen wehren können. Grundsätzlich gilt: Je enger die Beziehung zu einem anderen Menschen ist, desto ausgeprägter ist auch die Neigung zu einem schlechten Gewissen.

Wege aus der Opferrolle

Kennen Sie das? Sie stehen an der Kasse eines Bekleidungsgeschäfts; es herrscht Gedränge. Eine Frau mit einigen Taschen will an ihnen vorbei und rempelt Sie an. Ganz automatisch sagen Sie: „Entschuldigung!" Oder die folgende Situation: Sie haben eine Meinungsverschiedenheit mit Ihrem Partner. „Du machst mich unglücklich!", werfen Sie ihm vor, weil Ihr Partner darauf besteht, das Ziel des Urlaubsorts bestimmen zu wollen. Sie hätten auch sagen können: „Ich ärgere mich sehr über dich! Du machst mich wütend!" – aber Sie tun es nicht.

Es gibt „Opfertypen" und „Angreifertypen" (vgl. Kast 1998, S. 53ff.). Die Opfertypen verhalten sich wie oben beschrieben; sie vermeiden Konflikte, anstatt aggressiv zu werden, drücken ihren Ärger nicht aus, machen anderen dafür aber gerne ab und an Schuldgefühle. Selbstmitleid ist ihnen nicht immer fremd; sie sind überzeugt davon, keinerlei Möglichkeiten zu haben, um auf ihre Situation Einfluss zu nehmen. „Ja, aber ..." ist eine beliebte Antwort, wenn man sie auf mögliche Schritte, die sie unternehmen könnten, hinweist. In ihrer Kindheit wurden sie von Autoritäten bestimmt, die ein schlechtes Gewissen an sie delegiert haben und ihnen damit das Gefühl vermittelten: „Alle Menschen sind wichtiger als ich selbst, und deswegen muss ich mich anpassen."

„Passen Sie doch auf, wo Sie hinlaufen! Haben Sie denn keine Augen im Kopf?" – so reagiert ein „Angreifertyp", wenn er angerempelt wird – oder sogar selbst jemanden anrempelt ... Diese cholerischen Typen, die ihrer Wut freien Lauf lassen und auf einen Vorwurf mit zehn Gegenvorwürfen reagieren, wurden in ihrer Kindheit ebenfalls von harten Autoritäten bestimmt, die ihnen vermittelten, nicht in Ordnung zu sein. Allerdings setzen sie nun auf die Strategie „Angriff ist die beste Verteidigung", um nicht erneut die Erfahrung von Angst, Trauer, Scham und Hilflosigkeit machen zu müssen.

Es gibt keine Menschen, die zu 100 Prozent Opfer oder Täter sind – die meisten Menschen sind Mischtypen und verhalten sich je nach Situation mal so, mal so. Und während der Angreifertyp aggressiv reagiert, reagiert der Opfertyp depressiv.

Wie wir schon im Abschnitt zum Thema „Wut" gesehen haben, ist Aggression zunächst nichts Schlechtes. „Aggredi" ist lateinisch und bedeutet ursprünglich nur „herangehen". Die Psychologie spricht von „gesunder Aggression" und meint damit die Fähigkeit, an Dinge „herangehen" zu können, sie „in Angriff nehmen zu können" – eine lebensnotwendige Fähigkeit also.

Im Leben jedes Opfertyps hat es Momente gegeben, in denen er glaubte, sich diese vitale Energie nicht leisten zu können – etwa aus Angst, Liebe oder Ansehen zu verlieren. So entsteht ein Gefühl von Hilf- und Wehrlosigkeit – und mit ihm Angst. „Wer sich den Ärger nicht gestattet, verfällt der Angst" (vgl. Kast, 1998, S. 78).

„Nie machst du etwas richtig!", „Immer bist du zu langsam!", „Meine Güte, wie sieht das denn aus!" „Du wirst noch in der Gosse enden!" Solche Sätze sind nicht hilfreich, um das Selbstwertgefühl eines Kindes oder Jugendlichen aufzubauen, der über seinen Hausaufgaben schwitzt oder beim Abspülen hilft – aber gerade Opfertypen neigen dazu, als Erwachsene zu sagen: „Meine

Eltern haben mich zwar angetrieben, aber sie mussten das auch. Ich war stinkfaul, und sonst wäre aus mir bestimmt nichts geworden! Und die Male, wo ich eine Abreibung bekommen habe, hatte ich sie auch verdient." Sie machen sich die Argumente der Angreifer, in diesem Falle der Eltern, zu Eigen. Die Identifikation mit dem Angreifer ist ein psychischer Schutzmechanismus, der immer dann abläuft, wenn man die Erfahrung von Hilflosigkeit und großer Angst macht: So kann man das, was passiert, aushalten, ohne dass das eigene Selbstwertgefühl völlig zerstört wird. Durch diesen Mechanismus wird nicht nur das Gefühl der Angst und Hilflosigkeit, sondern auch das der Wut auf den Angreifer verdrängt. Beide Gefühle können so ihren Nutzwert nicht mehr entfalten: Die Angst kann nicht mehr vor der Gefahr warnen, und die Aggression kann nicht genutzt werden, um Hilfe zu schaffen.

Stattdessen verinnerlichen wir die Stimmen der Angreifer und machen uns nun selbst fertig, wenn wir Fehler machen, fühlen uns schuldig und empfinden dieses Gefühl als gerechte Strafe – müssen dadurch aber auch nicht handeln, in den Konflikt gehen: „Du bist nicht gut genug, das kannst du eh' nicht, das brauchst du gar nicht erst anzufangen!", sagen wir uns nun selbst. Dabei fühlen wir uns als Opfer: Opfer der scheinbar nicht veränderbaren Umstände, Opfer der Böswilligkeit anderer Menschen, Opfer unserer eigenen Dummheit. Opfer zu sein ist akzeptabler als Täter zu sein – zumindest für Frauen, die eher auf die Opferrolle hin sozialisiert werden. In Kombination mit Selbstmitleid („Ich bin weit und breit die/der Ärmste, niemandem geht es so schlecht wie mir!") verleiht uns die Opferrolle eine Identität, die wir unter Umständen gar nicht gern einfach so aufgeben möchten.

Nach Verena Kast gibt es aus dieser Opfer-Aggressor-Klammer nur einen Ausweg: Nicht länger zu sagen: „Es macht mich fertig, wenn ich diese innere Stimme des ‚Du bist nicht gut genug!' höre!", sondern zu erkennen: „*Ich* mache mich fertig, ich selbst, wenn ich immer glaube, dass ich es allen recht machen muss!" Ein zweiter, mindestens ebenso wichtiger, aber schwierigerer Schritt gehört genauso dazu: Einzusehen, dass wir nicht nur Opfer sind, sondern durch unsere Identifikation mit dem Angreifer auch zu Tätern werden – nicht nur an uns selbst, sondern auch an anderen. Menschen, die oft ein schlechtes Gewissen haben, neigen auch dazu, anderen eines zu machen.

Kennen Sie das auch: In einer bestimmten Situation realisiert man, dass man sich genauso benimmt, wie man es z. B. bei seiner Mutter oder seinem Vater immer gehasst hat? Wenn ja: Gut! Es ist eine große Leistung, die Angreiferposition in unserem Denken ausmachen zu können – gratulieren Sie sich dazu! Und dann gilt, was schon öfter gesagt wurde: Stehen Sie zu Ihren Gefühlen von Angst und Wut. Es führt doch kein Weg an diesen Gefühlen vorbei, wenn man das Leben in seiner Fülle genießen möchte – warum also sie jetzt nicht anpacken?

Es kann aber auch sein, dass der richtige Zeitpunkt dazu noch nicht gekommen ist. Dann ist es ganz wichtig, bewusst sein Selbstwertgefühl an anderen Stellen zu stärken – und irgendwann merkt man dann einfach: „Jetzt ist es soweit. Ich weiß jetzt, dass alle Menschen den gleichen Wert haben, einfach weil sie Menschen sind, dass keiner wertvoller ist als ein anderer. Jetzt kann ich einen Konflikt riskieren, ohne zu befürchten, dass ich am Ende völlig ungeliebt dastehe. Und selbst wenn ich mich dadurch unbeliebt mache – immer noch besser als diese unterdrückte Angst und Wut, die machen mich auf Dauer wirklich fertig."

Was meinen Sie: Lohnt es sich, selber Opfer zu sein, nur um niemandem weh tun zu müssen? Manchmal führt einfach kein Weg daran vorbei, anderen weh zu tun, wenn sie uns nicht gut tun.

Die Opferrolle opfern – das ist der Weg. Lieber ein Gestalter oder eine Gestalterin werden, indem man sein Leben in die Hand nimmt, eigenverantwortlich handelt – und sich Helfer von außerhalb sucht, die einem Handlungsmöglichkeiten aufzeigen können, an die man selbst nicht denkt. Das können Menschen sein, die einem nahe stehen, aber auch Profis wie Psychologen und Therapeuten.

Wo mache ich anderen ein schlechtes Gewissen?

Was würden Sie sagen? Gibt es Situationen, bei denen Sie selbst zugeben würden, anderen ein schlechtes Gewissen gemacht zu haben? Wir haben beim Schreiben dieses Buches vielen unterschiedlichen Menschen diese Frage gestellt. Die häufigste Antwort war: „Na ja, sicher kann das mal vorgekommen sein! Aber bewusst hab' ich das nie gemacht!" Einige sagten: „Ja, es tut mir heute Leid, dass ich damals so Druck gemacht habe und meine Einstellung als die einzig richtige in den Raum gestellt habe!"

Sind Ihnen Äußerungen wie „Das kannst du doch nicht machen ...!" oder „So was geht doch nicht!" oder „Du wirst schon sehen, was passiert, wenn du ...!" wohlvertraut? Wenn ja, dann sind Sie vermutlich nicht ganz unbewandert in der „Kunst", anderen ein schlechtes Gewissen zu bereiten. Kein Wunder: Sie haben sicher am eigenen Leib schon erlebt, dass das mitunter ganz gut funktioniert. Wir können Sie hier an dieser Stelle leider nicht schonen: Wer sich in punkto „schlechtes Gewissen" als

Opfer versteht, ist häufig auch Täter – ohne sich dies immer so recht eingestehen zu wollen.

Was denken Sie selbst: In welchen Bereichen kann man anderen am wirkungsvollsten ein schlechtes Gewissen machen? Grundsätzlich gilt: Je enger die Beziehung, umso erfolgversprechender ist es, mit schlechtem Gewissen zu operieren. Familie, Paarbeziehung, Freundschaft und Verwandtschaft sind die „geeignetsten" Bereiche. Bitte bedenken Sie aber, dass Sie die Einflussnahme auf das Verhalten Ihnen nahe stehender Menschen um einen teuren Preis erkaufen: Die Wirkung ist meist kurzfristig und mit erheblichen Nebenwirkungen belastet.

Nehmen wir das Beispiel schlechtes Gewissen in der Paarbeziehung. Manche Partner konfrontieren sich immer wieder mit Sätzen wie etwa:

- „Dann bin ich wieder die Dumme und du ..."
- „Die letzten Jahre habe ich für dich immer ... und jetzt muss ich feststellen, dass du ..."
- „Weißt du nicht, dass ich so darunter leide, wenn du ...."
- „Als ich dich geheiratet habe, hast du mir versprochen, dass wir ...."
- „Peter kocht jeden Abend für seine Familie, und du ..."

Anfänglich wird das schlechte Gewissen wirken. Ihr Partner wird sich „gezwungenermaßen" bemühen, ihren Erwartungen gerecht zu werden. Langfristig aber speichert er/sie das Gefühl, „im Defizit zu sein", unter der Rubrik „Ärger" ab. Verhaltensmotivationen aus schlechtem Gewissen halten den Betroffenen in einer Form von Schuld. Das ist diesem anfänglich nur unangenehm. Bei wiederholter Anwendung kann sich die Angelegenheit zu einer schweren Belastung der Beziehung auswachsen. Mit der Zeit hat der Partner es regelrecht satt, sich ständig in Ihrer Schuld fühlen zu müssen. Was haben Sie dann letztlich erreicht? Ihre scheinbar erfolgreiche Strategie der Beziehungsgestaltung entwickelt sich zunehmend zur Beziehungsauflösung.

Wir brauchen also bessere Verhaltensmöglichkeiten, um innerhalb unserer engsten Beziehungen unsere sicherlich berechtigten Bedürfnisse befriedigt zu bekommen, ohne anderen ein schlechtes Gewissen zu machen.

! Inzwischen wissen Sie, dass es ebenso wichtig ist, für sich selbst Verantwortung zu übernehmen wie für andere. Wir dürfen die Verantwortung für die Gefühle anderer ablehnen, wenn deren Reaktionen für uns unvorhersehbar oder aufgrund unrealistischer oder egoistischer Erwartungen an uns entstanden sind. Wir tragen nicht die Verantwortung dafür, dass es jedem in unserer Gegenwart gut geht.

Wir alle handeln aber auch manchmal bewusst wider besseres Wissen und Gewissen. Dann gilt es, Verantwortung für sich und sein Tun – und damit auch für die anderen – zu übernehmen. „Gute Gedanken", die uns sagen, dass jeder Gutes und Schlechtes in sich trägt, dass man sich selbst verzeihen darf und dass man sein schlechtes Gewissen in ein Reuegefühl ohne Selbstzerfleischung verwandeln darf, helfen dabei, in solch einer Situation das Richtige zu tun.

Es sind die Normen und Werte, die wir in uns tragen, die uns sagen, was für uns richtig oder falsch war und ist – und nicht unser schlechtes Gewissen. Dieses ist nur eine Gefühlsreaktion auf den Gedanken „Ich habe gegen meine Normen verstoßen." Der Weg zu einem Leben ohne schlechtes Gewissen kann nur beschritten werden, wenn man sich von seiner Opferrolle verabschiedet. Mut zur Angst und Mut zur Wut lautet hier die Devise. Und ebenso: Mut, sich einzugestehen, dass die Strategie, anderen ein schlechtes Gewissen zu machen, über die „Identifikation mit dem Angreifer" auch uns selbst zu Eigen geworden ist.

Ein gutes Selbstwertgefühl hilft auf diesem Weg. Das folgende Kapitel wird unter anderem erläutern, wie man es entwickeln kann.

Kapitel 6

Leben ohne schlechtes Gewissen – geht das denn?

„Unsere Träume können wir erst dann verwirklichen, wenn wir uns entschließen, einmal daraus zu erwachen."

Josephine Baker

? Was erwartet Sie in Kapitel 6?
In diesem Kapitel soll es um „Veränderung" gehen. Welche Voraussetzungen müssen erfüllt sein, damit sich etwas ändert im Leben?
Wie wirkt die Strategie der „Externalisierung" des schlechten Gewissens?
Wie kann dem Selbstwertgefühl auf die Sprünge geholfen werden, damit es seine schützende Wirkung gegen das schlechte Gewissen entfalten kann?

Ein schlechtes Gewissen bewirkt in keinem Fall eine Verbesserung von Situationen und Beziehungen. Wie wir inzwischen gesehen haben, stellt ein schlechtes Gewissen in engen Beziehungen ein ideales Mittel dar, Veränderung bzw. Klärung von Beziehungen und Bindungen zu verzögern oder ganz zu verhindern. „Was soll's?", können Sie jetzt sagen, „vielleicht ist das auch gut, sonst wären viele wichtigen Bindungen längst zerbrochen!" Da geben wir Ihnen Recht. Wir möchten Sie nicht dazu auffordern, alle Brücken hinter sich abzubrechen, sondern Sie darin unterstützen, Ihre **Wahrnehmung hinsichtlich Ihrer persönlichen Befindlichkeit** innerhalb der bestehenden Beziehungen zu verbessern und Ihnen dann einen Weg zeigen, wie Sie zu mehr Lebensfreude und Zufriedenheit finden.

Welche Voraussetzungen braucht der Mensch, um sich für Veränderung zu öffnen? Wenn Sie bei sich selbst schauen – was hat bei Ihnen den Ausschlag dafür gegeben, Weichen neu zu stellen?

Im Folgenden einige Antworten:

- „… eine echte Lebenskrise hat mir die Augen geöffnet. Ich stand plötzlich alleine da und musste mich entscheiden zwischen „mich selbst aufgeben" oder „an einen Neuanfang glauben, trotz der riesigen Masse an Problemen" (Marga, 52 Jahre, geschieden, vier erwachsene Kinder).
- „… ich habe gemerkt, wenn ich so weitermachen würde, dann würde das bedeuten, dass ich meine Lebenszeit, die wirklich so kurz ist, nicht genutzt hätte!" (Lothar, 45 Jahre, Tendenz zur Arbeitssucht und damit einhergehend Eheprobleme, hat ein Krebsleiden überwunden.)
- „… nachdem mein Projekt ein voller Erfolg wurde, traute ich mir zu, den Posten in Übersee anzunehmen. Das war die beste Entscheidung meines Lebens" (Traute, 32 Jahre, Projektleiterin).
- „… meine Tante hat sich wahnsinnig über mein Abi gefreut. Sie ist die einzige, die mich in meiner Idee unterstützt, dass ein Studium Sinn macht!" (Julietta, 19 Jahre, vierte Tochter einer italienischen Arbeiterfamilie.)
- „… ich kann nicht mehr genau sagen, was der Auslöser war. Ich hab' einfach was kapiert und dann war für mich Schluss mit dem schlechten Gewissen. Plötzlich stand ich neben mir und sah meine Mutter deutlich vor

mir – nicht mehr als Mutter, sondern als dreizehnjähriges trotziges Mädchen, das gewohnt ist, durch Wutausbrüche, Selbstmitleid und demonstrative Hilflosigkeit immer seinen Willen zu erzwingen. Ich wusste von da an, dass ich ihr und mir keinen guten Dienst erwies, wenn ich mir immer wieder ‚Druck machen' ließ" (Jan, 26 Jahre, Student).

Was lässt sich diesen Aussagen entnehmen? Veränderung setzt entweder **Not** voraus; der Mensch kommt an einen Punkt, an dem er nichts mehr zu verlieren hat. Jede Veränderung stellt dann eine Verbesserung dar (vgl. Marga und Lothar). Oder wir schöpfen Kraft und Mut, den Schritt in die Veränderung zu wagen, weil wir uns auf eine **anerkennende, wertschätzende Erfahrung** stützen können (vgl. Traute und Julietta). An Jans Beispiel ist zu sehen, dass die Erlaubnis zur Veränderung auch die Erfahrung sein kann, sich bestimmter Mechanismen, nach denen Beziehungen funktionieren, aus einer Distanz bewusst zu werden. Erinnern Sie sich an den Satz: Wer **verstanden** hat – also eine **bewusste Erfahrung** gemacht hat, kann nicht mehr in den alten Zustand vor der bewussten Erfahrung zurück.

Bekommen Sie genug Anerkennung für das, was Sie tun?

Wie viele Jahre haben Sie sich um Ihre Lieben gekümmert? Seien Sie ehrlich! Ist es bereits mehr als die Hälfte Ihrer Lebenszeit? Was ist Ihr Grundgefühl bei all der Mühe? Wenn Sie sagen: „Ich kann mit Fug und Recht sagen, dass mir das wichtig war und ich es jederzeit wieder genauso machen würde!", dann gratulieren wir Ihnen.

Vielleicht sagen Sie auch: „Na ja, meistens fühle ich mich gut und würde, wenn ich noch mal von vorne beginnen könnte, nicht viel anders machen. Ich würde aber in Zukunft gern bewusster herausfinden wollen, was für mich wichtig ist und mir weniger von anderen reinreden lassen."

Oder Sie sagen: „Eigentlich bin ich immer für alle da gewesen, und keiner hat sich dafür bedankt – im Gegenteil, die Ansprüche wurden immer mehr, und das habe ich auch noch erledigt! Ich fühle mich nicht so toll!" In diesem Fall ziehen wir den Hut vor all der Mühe und Bescheidenheit, die Sie gezeigt haben. Wir würden Sie dann gerne fragen:

Für wen war Ihr umgängliches Verhalten gut?
Was haben Sie dadurch vermieden?
Wie lange, denken Sie selbst, möchten Sie den Erwartungen anderer zu deren Bedingungen noch genügen?
Was könnte schlimmstenfalls dabei passieren?
Woran würden wir erkennen, dass Sie selbst Ihr Verhalten verändert haben?

Sie müssen nichts ändern, wenn Sie nicht wollen …

Sicher denken Sie: „Jetzt werde ich bestimmt aufgefordert, alles, was bei mir bisher in geregelten Bahnen verlaufen ist, zu hinterfragen, womöglich zu ändern." Tatsächlich aber gibt es niemanden, der Ihnen hinsichtlich Ihres eigenen Lebens Vorschriften machen dürfte. Sie selbst sind es, der für sich selbst die Verantwortung trägt.

Wie viel Zukunft genehmigen Sie sich wirklich?

Die Vergangenheit können Sie nicht verändern. Was Sie ändern können, ist Ihre **Sicht** auf das, was in der Vergangenheit geschehen ist. Lässt man z. B. neben dem eigenen Bild der Kindheit („War doch alles in Ordnung") ein weiteres Bild zu („Eigentlich hat sich niemals jemand um meine Meinung gekümmert"), so verändern sich Wahrnehmung und Bewertung.

Hilfreich können dabei folgende Fragen sein:

Was würde z. B. Ihr alter Spielkamerad oder Ihr Lehrer über Sie sagen, wenn Sie ihn fragen, wie er Ihre Kindheit wahrgenommen hat?
Welche Ideen und Tipps hätte dieser Mensch aus seiner Perspektive?

Die wirklich zentrale Frage, um die negativen Auswirkungen des schlechten Gewissens zu mindern, lautet aber:

Was will ich für mich persönlich erreichen?

Wenn Sie mögen, können Sie sich innerhalb der nächsten fünf Minuten Ihre ersten Gedanken zu dieser Frage notieren. Stehen auf Ihrem Zettel Worte wie: Freiheit, Leidenschaft, Glück, Zufriedenheit, Sicherheit, Gesundheit, Spaß, Freundschaft, Zukunft etc., dann bitten wir Sie weiter, zu jedem einzelnen Begriff die Frage zu beantworten:

„Was genau verstehe ich unter ‚Freiheit'?" …
„Was verstehe ich unter ‚Leidenschaft'?" … usw.

Achten Sie darauf, dass Ihre Definitionen möglichst konkret ausfallen. Stellen Sie sich vor, Sie müssten den jeweiligen Begriff einem anderen Menschen so erklären, dass er sich wirklich etwas darunter vorstellen kann.

Stellen Sie sich als nächstes die Frage:
Woran können Sie (und andere) erkennen, dass Sie Ihr Ziel erreicht haben?

Bekommen Sie ein Gespür dafür, wie es sich anfühlen könnte, eigene Wünsche zu verwirklichen, eigene Ziele zu erreichen?

Wir möchten Sie im Folgenden einladen, sich noch einige andere Wege zu mehr Lebensfreude ohne schlechtes Gewissen anzuschauen.

„Veränderungen sind leichter anzunehmen, wenn man davon ausgeht, dass sie zum Leben gehören."

(Müller/Hoffmann 2002, S. 195)

Menschliches Leben verlangt nach der Fähigkeit zur Veränderung. Ständig sind wir gefordert, uns wechselnden Bedingungen anzupassen. Insofern haben wir unsere Fähigkeit zur Veränderung in unserem jeweiligen persönlichen Leben längst bewiesen. Sie wissen, dass Sie es können. Sich zu verabschieden von einem Leben, das stark von schlechtem Gewissen fremdgesteuert ist, bedarf ebenfalls der Bereitschaft zur Veränderung. Sie müssen sich selbst die Erlaubnis dazu erteilen. Das ist manchmal gar nicht so leicht.

Alte Muster sind zäh!

Die Tatsache, dass Sie bisher für andere verlässlich und verfügbar gewesen sind, hat Ihrer Person ein Stück weit **Bedeutung** verliehen – sonst hätten Sie vermutlich nicht so lange durchgehalten. Es ist nicht einfach, sich selbst und andere damit zu konfrontieren, dass man die eigene Bedeutung nicht länger dadurch definiert, dass man etwas „liefert". Wie wichtig sind Ihnen die Gefühle der anderen vor Ihren eigenen? Seien Sie zuversichtlich: Sie können sich zunehmend für sich selbst entscheiden. Diejenigen, die von Ihrem bisherigen Verhalten profitiert haben, werden die Veränderung natürlich nicht mit Jubel und Lob begleiten. Sie werden sich aber daran gewöhnen. In den wenigsten Fällen ist ein vehementer Kontaktabbruch die Folge.

Jetzt können Sie feststellen:

Was bin ich mir selbst wert und was bin ich meinen Nächsten wert?

Sich diese Frage zu stellen erfordert Mut. Wir möchten Ihnen einen Satz der berühmten Psychotherapeutin Virginia Satir mit auf den Weg geben: „Veränderung, so wie wir diesen Begriff verstehen, ist ... ein inneres Geschehen, durch das es wiederum zu äußeren Veränderungen kommt" (Satir u.a. 2000, S. 103). Sie sehen, allein wenn Sie Ihre innere Haltung einstimmen darauf, in Zukunft mehr Rücksicht auf sich selbst zu nehmen, wird dies Ihr Verhalten beeinflussen und zu Veränderungen führen.

Wenn Ihr Automechaniker sieht, dass die Lichtmaschine Ihres Fahrzeugs nicht mehr funktioniert, wird er das Teil austauschen. Ihr Auto benötigt zu Fahrtüchtigkeit im Straßenverkehr eine funktionsfähige Lichtmaschine. Er wird eine neue Lichtmaschine einbauen, ohne zu überlegen, warum die alte den Geist aufgegeben hat. Ist Ihr Auto repariert, werden Sie anfangs immer wieder auf die Signalleiste schauen in der Angst, dass die Lampe für „Licht defekt" leuchtet. Das ist ganz normal. Mit der Zeit aber vergessen Sie das Erlebnis und verlassen sich darauf, dass das Licht zuverlässig angeht.

Veränderungen werden auf Widerstand treffen

Rechnen Sie durchaus auch mit heftigen Reaktionen Ihrer Mitmenschen. Letztlich sorgt auch Ihre Umwelt für Sie. Sie hilft Ihnen, herauszufinden, wie ernsthaft und unumstößlich Sie zu Ihrem neuen Verhalten stehen. Erst wenn Sie glaubwürdig erscheinen und Widerstände gemeistert haben, wird sich Ihre Umwelt auf Ihr Verhalten einstellen. Das ist das Signal dafür, dass die Veränderung etabliert ist. Bleiben Sie in der Übergangszeit zuversichtlich, denken Sie an die Zeit nach der Erprobungsphase und verurteilen Sie sich nicht dafür, dass Ihnen vielleicht manchmal der Mut zu sinken droht. Das ist in einer Zeit des Übergangs ganz normal. Neuland ist nun einmal unsicheres Terrain.

Sie haben sich erlaubt, Ihrem inneren Verstehen Raum zu lassen und wollen die Veränderungs-Reise mit allen Tiefen und Höhen tatsächlich antreten. Sie wissen, dass alles, was Sie neu wagen, Auswirkungen auf Ihre Mitmenschen haben wird. Ebenso wissen Sie, dass Ihre Standhaftigkeit, Ihr Durchhaltevermögen und Ihre Frustrationstoleranz auf die Probe gestellt werden. Wenn Sie „dranbleiben" an dem, was Sie erreichen möchten, werden Sie plötzlich spüren können, wie sich Ihre Umwelt auf Sie einstellt und sich den veränderten Bedingungen anpasst. Letztlich gibt es bei solchen Prozessen keine Verlierer. Ihr gesamtes System findet zu einem höheren Grad an Selbstverantwortung, an Authentizität und Balance.

Schlechtes Gewissen ist wie Staub auf der Seele

Wenn Sie Lust haben, Ihr schlechtes Gewissen von einer neuen und ungewöhnlichen Seite kennen zu lernen, dann verabreden Sie sich doch einmal zum Rendezvous mit ihm. Fachleute sprechen in diesem Zusammenhang von der Methode der „Externalisierung von Problemen".

„Nicht die Personen oder die Beziehung sind das Problem, sondern das Problem selbst ist das Problem."

White/Epston 2002, S. 57

Suchen Sie sich einen gemütlichen Raum mit mehreren Stühlen. Nehmen Sie auf einem der Stühle Platz und setzen Sie Ihr schlechtes Gewissen einfach auf einen anderen Stuhl neben sich. Versuchen Sie die folgenden Fragen mit direktem Blick auf Ihr Problem nacheinander zu beantworten. Sie sollten sich dafür genügend Zeit und Ruhe gönnen.

Wie sieht Ihr schlechtes Gewissen aus?
Wie alt ist es?
Wie heißt Ihr schlechtes Gewissen?
Was macht es genau?
Welche Auswirkungen hat es auf Sie und auf andere?
Früher, heute und in Zukunft?
Welchen Einfluss können Sie auf Ihr schlechtes Gewissen nehmen?
Welchen Einfluss haben die anderen auf Ihr schlechtes Gewissen?
Welche Vorteile hatte das Wirken Ihres schlechten Gewissens für Sie?
Wann hatte es keinen Einfluss?
Was war in diesen Situationen anders?
Wie können Sie Ihrem schlechten Gewissen in Zukunft immer wieder ein Schnippchen schlagen?
Wie können Sie es schaffen, einen stärkeren Einfluss auf Ihr schlechtes Gewissen zu bekommen?

Diese Übung ermöglicht Ihnen, auf Distanz zu Ihrem schlechten Gewissen zu gehen und Ihr Problem aus einem neuen Blickwinkel zu betrachten. Das ist das eigentlich Entlastende an der Vorgehensweise der „Externalisierung“: Wir bekommen leichter Zugang zu unseren verschütteten Ressourcen, die wiederum die Basis für Veränderungen bilden.

Die Sache ins Rollen bringen: Träume und Visionen als Wegweiser

Wer will das nicht, selbstbestimmt leben? Wer fragt sich nicht, wo ist mein Weg? Was kann dabei helfen, ihn zu finden?

Stellen Sie sich bitte vor, Sie haben einen Bauplatz und planen darauf ein eigenes Haus zu bauen. Es ist Dienstag Vormittag, Sie haben einen Besprechungstermin mit Ihrem Architekten. Er fragt Sie: „Was sind Ihre genauen Vorstellungen für Ihr zukünftiges Eigenheim?“ Darauf antworten Sie: „Das ist mir egal, planen Sie etwas, mir ist alles recht, Hauptsache, Sie achten auf mein Finanzierungslimit. Ich verreise beruflich für acht Monate in die U. S. A. und hoffe, dass ich bei meiner Rückkehr dann in mein neues Haus einziehen kann.“ Acht Monate später: Sie sind zurückgekehrt und freuen sich auf Ihr Haus. Ihr Architekt erwartet Sie am Flughafen und fährt Sie direkt auf die Baustelle. Das Haus ist fertig. Zeitplan und Finanzrahmen wurden perfekt eingehalten – Einzug möglich. Bloß, was ist das? Vor Ihnen steht ein kanadisches Blockhaus, umgeben von einem groben Rancherzaun. Die Fenster sind klein und haben Sprossen. Das Dach ist begrünt und die Garage ein offener Verschlag. Sie sind zunächst stumm vor Entsetzen. Dann schreien Sie: „Um Himmels willen, ich wollte ein weißes, schönes, mo-

dernes Haus mit viel Lichteinfall und einem Garten im Landhausstil!" Ihr Architekt erwidert zu Recht: „Warum haben Sie das nicht gleich gesagt?"

Ohne konkrete Vorstellungen bleiben Ziele leer und unerreichbar. Wünsche nehmen Gestalt an, wenn sie vorstellbar, fühlbar und erfahrbar sind. Menschen, die über längere Zeit ein hohes Ausmaß von Fremdbestimmung in ihrem Leben zugelassen haben, verlernen die Fähigkeit zu wünschen, zu träumen. Sie „funktionieren" nur noch.

Wer träumt, stellt Verbindung zu sich selbst her.
Wer träumt, gibt sich wieder Bedeutung.
Wer träumt, achtet auf sich.
Wer selbst träumt, entlastet andere von der Erwartung, uns glücklich zu machen.
Wer träumt, übernimmt Verantwortung für sich und seine eigene Zukunft.

Stellen Sie sich vor, vor Ihnen erscheint ein bunter lustiger Zauberer und sagt zu Ihnen: „Ich habe dich auserwählt! Du hast zehn Minuten Zeit, mir alle Deine innersten Wünsche zu sagen. Es dürfen mehr als drei Wünsche sein – vielleicht schaffst du 50 Wünsche! Hier hast du ein goldenes Blatt Papier und meinen schwarzen Zauberstift. Überlege dir genau, was du dir wünschst. Das ist deine Chance."

Was meinen Sie: Würden Ihnen Ihre Wünsche leicht aus der Feder fließen? Oder wäre da diese innere Stimme, die Ihnen, bevor Sie sich erlauben, Ihre Wünsche aufzuschreiben, zuflüstert: „Das wird ja ohnehin nichts! Lass das, hinterher bist du nur enttäuscht, dass sich deine Wünsche nicht haben umsetzen lassen“? Wem wollen Sie Recht geben? Dieser inneren Stimme oder Ihrer Lust, etwas Neues auszuprobieren? Das Schlimmste, das Ihnen passieren kann, ist für den Moment einfach nur, dass Ihnen Wünsche einfallen. Und dann?

Schreiben Sie spontan alles auf. Auch verrückt Anmutendes. Ihre Liste kann bunt gemischt sein; sie könnte beispielsweise lauten: „Tanzkurs mit B., den Motorradführerschein machen, dass mein Freund sein Krebsleiden übersteht, Wohnmobilurlaub in Irland, eine Auszeichnung für mein neues Projekt, Zeit für meinen Wunsch, mich mehr mit Tibet zu befassen, eine zuverlässige Haushaltshilfe finden, Essen, so viel ich mag, ohne Kalorien zu zählen, ...“

Wenn Sie das bis hierher ohne inneres Hadern überstanden haben: Herzlichen Glückwunsch, Sie sind noch wunschfähig! Das ist ein echtes Zeichen dafür, dass Sie Zugang zu Ihren Ressourcen (inneren Kraftquellen) haben.

Als Nächstes bitten wir Sie, wenn Sie Lust und Zeit dazu haben, jedem Wunsch einen eigenen Raum zu gewähren. Nehmen Sie sich dazu nicht mehr als einen oder zwei Wünsche auf einmal vor und vertagen Sie Ihre anderen Wünsche auf einen späteren Zeitpunkt. Versuchen Sie nun so zu tun, als ob Sie jeden Wunsch umsetzen können, wenn Sie das wollen. Sie tun so, als ob Sie Zugang zu allen vorstellbaren Dingen, Menschen und Energien haben. Bitte beantworten Sie pro Wunsch schriftlich folgende Fragen:

1. Was sehe, fühle, höre, rieche und schmecke ich, nachdem mein Wunsch in Erfüllung gegangen ist?
2. Was brauche ich alles für die Wunscherreichung, wenn ich so tue, als ob mir alle Ressourcen zur Verfügung stünden?
3. Wann könnte ich mein Ziel erreicht haben?

Wir verlangen von Ihnen hier bewusst eine ungewöhnliche Vorgehensweise: Sie sollen versuchen, jedem Ihrer Wünsche beliebig viel Raum zuzugestehen. Ihren inneren Kritiker, der vermutlich rasch und lautstark alle Schwierigkeiten und Probleme der Zielerreichung formulieren könnte, wollen wir an dieser Stelle nicht zu Wort kommen lassen. Erst wenn Sie tatsächlich einen Umsetzungsplan für Ihr Ziel erarbeitet haben, darf Ihr innerer Kritiker sich an der Abwägung beteiligen, ob Aufwand und Ertrag in einem gesunden Verhältnis stehen. Übrig bleibt danach eine vielleicht kleine, aber feine Liste erreichbarer Wünsche.

Wer fördert Sie, wer sabotiert Sie?

Wer ein schlechtes Gewissen hat, steht meist in festen Beziehungen mit klar benennbaren Personen. Würde ich alleine in einer einsamen Hütte hoch auf dem Berg wohnen, wem gegenüber sollte ich dann noch ein schlechtes Gewissen haben? Wirksames schlechtes Gewissen bezieht sich auf bestimmte Personen. „Ich fühle mich schlecht, weil ich meine Arbeit meinem Partner vorziehen muss“, „Wenn ich für meinen alten Vater mehr Zeit aufbringen könnte, dann …“, „Ich kann doch meiner Mutter nichts abschlagen“. Schlechtes Gewissen, das sich gründet auf Verteilungsunterschiede zwischen

Arm und Reich spüren wir ebenfalls. Der Umgang damit fällt den meisten Menschen leichter als der mit dem schlechten Gewissen aus alltäglichen Beziehungssituationen. Im direkten, konkreten Umgang mit anderen Menschen ist das Risiko höher, dass Aussagen, Gesten oder ein typischer Gesichtsausdruck Wasser auf die Mühlen des schlechten Gewissens bedeutet und uns zu Verhaltensweisen motiviert, die unser schlechtes Gewissen abbauen sollen.

Wenn Sie das Gefühl haben, dass ein großer Teil Ihres Lebens nicht von Ihnen selbst gesteuert wird und Sie in Beziehungen leben, die Sie dauerhaft mehr Kraft kosten, als Sie zurückbekommen, dann könnte man sagen, dass Sie sich tendenziell nicht mit Freunden und Förderern umgeben, sondern mit Profiteuren, mit Gewinnern. Diese sind offensichtlich erfolgreicher als Sie selbst darin, Bedürfnisse so zu zeigen, dass sie diese auch erfüllt bekommen. Die Gründe dafür, warum Sie sich so sehr um andere kümmern, ohne auf Ihren eigenen „Akku“ zu achten, können vielschichtig sein. Wir haben darüber bereits in Kapitel 2 und 3 gesprochen. An dieser Stelle möchten wir uns einigen verbreiteten Vorstellungen widmen, die möglicherweise ebenfalls Ihr Verhalten motivieren:

1. Gute Menschen müssen sich Sorgen über andere machen, sonst denken andere über sie, dass sie Egoisten sind und sie sich nicht um andere kümmern.
2. Vernünftige Menschen erwarten nicht zu viel vom Leben, sonst könnten sie schwer auf die Nase fallen.
3. Anerkannte Menschen sorgen stets dafür, dass jeder sie lieb hat.
4. Erfolgreiche Menschen haben immer andere übers Ohr gehauen.

Zu (1):Wer sich andauernd um andere kümmert, schafft es immer wieder, sich selbst so zu beschäftigen, dass er nicht in die Gefahr kommt, sich mit sich selbst auseinander zu setzen. Und er kann sich der Hoffnung hingeben, vielleicht irgendwann später dafür geehrt zu werden.

Zu (2): Wer vom Leben nicht viel erwartet, der geht kein Risiko ein, meidet dadurch die Gefahr, sichtbar zu scheitern. Ein solcher Mensch lebt bescheiden, resigniert angesichts von Herausforderungen rasch und weiß meist im Voraus, dass „es sowieso nicht klappen würde". Es gibt keine Höhepunkte, die Langeweile ist Dauergast. Die Frage nach dem Sinn des Lebens muss mit enormem Kraftaufwand verdrängt werden.

Zu (3): Wer auf seiner Prioritätenliste ganz oben stehen hat „Ich will geliebt werden", muss aus seiner Persönlichkeit alles ausblenden, was anderen missfallen könnte. Das ist eine anstrengende Aufgabe. Wer anderen immer gefallen will, wird darüber hinaus häufig enttäuscht – ohne dass dies jedoch zu einer Veränderung des Bewusstseins führt. Vielmehr denken Betroffene, in der sie enttäuschenden Situation „wohl noch nicht nett genug gewesen zu sein" ... und steigern dementsprechend ihren Einsatz.

Zu (4): „Erfolg ist nur durch Betrug möglich." Im Grunde muss jeder, der dieser Denkweise anhängt, jeglichen Erfolg vermeiden. Bei den Betroffenen löst jeder Erfolg ein ein schlechtes Gewissen aus. Es genügt ein kleiner Hinweis von außen, und sie werden denken, sich für ihren Erfolg rechtfertigen zu müssen. Ihr Grundgefühl ist also, sobald sie erfolgreich sind, ein negatives. Was sollten diese Menschen für Gründe haben, sich für sich selbst, für ihr Glück und ihre Zufriedenheit zu entscheiden?

Eigenliebe entwickeln – „Ja, darf man das denn?“

Ja, man darf. Man muss sogar. Das steht übrigens schon in der Bibel: „Liebe deinen Nächsten wie dich selbst.“ „Wie dich selbst“ – nicht mehr und eben auch nicht weniger. Und wenn wir an Kapitel 4 über soziale Verantwortung und Eigenverantwortung zurückdenken, verstehen wir auch, warum das so sein soll: Menschen, die nur gelernt haben, ihrer sozialen Verantwortung gerecht zu werden, haben es schwerer, auch sich selbst gerecht zu werden. Menschen hingegen, die eigenverantwortlich handeln können, werden sich selbst gerecht und können automatisch auch ihre soziale Verantwortung übernehmen – teilweise tun sie sich damit sogar leichter als die anderen.

Jemanden zu lieben bedeutet diese Person wertzuschätzen, das Gefühl zu haben: „Dieser Mensch ist mir etwas wert.“ Sie dürfen sich selbst wertschätzen, ein Gefühl für Ihren Wert haben, das völlig unabhängig ist von dem, was Sie leisten, was Sie sind, wie Sie aussehen oder was Sie haben – einfach weil alle Menschen den gleichen Wert haben. Entwickeln Sie ein Gefühl für Ihren Wert – Ihr Selbstwertgefühl! Natürlich ist das wiederum einfacher gesagt als getan. In manchen Situationen wissen wir genau um unseren Selbstwert, in anderen dagegen sind wir leicht zu erschüttern. Man kann das Selbstwertgefühl mit der Atemluft vergleichen: Haben wir genug davon, spüren wir gar nicht, dass sie da ist. Erst in Situationen, in denen die Luft dünn wird, wir nicht mehr richtig atmen können, merken wir, wie nötig wir sie haben und was uns fehlt! So haben Krisensituationen auch immer ihr Gutes: Man merkt, worauf es wirklich ankommt.

Endlich Schluss mit dem schlechten Gewissen! Die Grundvoraussetzung dafür ist, wie wir gesehen haben, dass wir unser Selbstwertgefühl verbessern. Einiges von dem, worauf es dabei ankommt, wurde bisher schon angesprochen:

- Brücken zu anderen zu bauen: Freundschaften und soziale Netzwerke zu pflegen,
- sich Fehler verzeihen zu können,
- authentisch zu sein,
- das richtige Maß darin zu finden, Verantwortung anzunehmen oder abzulehnen,
- „Nein!“ sagen zu können.

Es gibt noch eine Menge weiterer Möglichkeiten, eine gesunde Selbstliebe zu entwickeln, die wir im Folgenden vorstellen möchten. Dabei möchten wir, dass Sie vorgehen, als würden Sie sich einen leckeren Eintopf zubereiten: Dem einen ist wichtig, dass alles schön scharf gewürzt ist, der zweite findet knackiges Gemüse unverzichtbar und beim Dritten muss wenigstens ein bisschen Fleisch dabei sein ... Suchen Sie sich also aus, was Ihnen zusagt – und machen Sie sich kein schlechtes Gewissen, wenn Sie nicht jede der folgenden Anregungen (sofort) umsetzen. Das geht einfach nicht.

Kampf dem Perfektionismus!

Noch einmal Hannah, 38 Jahre:

„Eine meiner schlimmsten Niederlagen im Studium trug sich so zu: Einmal pro Semester musste jede/r Student/in ein Referat halten. Mit jedem Semester gelang es mir weniger gut, einen Zeitplan einzuhalten, so dass ich nach ein paar Semestern einmal die ganze Nacht vor dem Referat durcharbeiten musste: mit Hilfe von starkem Kaffee, den mir meine Kommilitonin zubereitete und dessen Geruch allein schon Tote aufgeweckt

hätte. Mit zittrigen Knien und völlig erledigt, aber mit einem fertigen Referat in der Tasche, wankte ich am nächsten Morgen an die Uni. Beim nächsten Referat klappte das nicht mehr: Morgens gegen 4.30 Uhr musste ich feststellen, dass ich es nicht schaffen würde. Dies am nächsten Morgen dem Professor beichten zu müssen, tat weh, war aber auf seine Art auch heilsam: Der Professor ließ mich nämlich den schon fertigen Teil des Referats halten, er und die Kommilitonen waren voll des Lobes, und dann meinte er noch freundlich: „Mehr Selbstvertrauen!" Damals ging mir erst der Zusammenhang zwischen meiner Desorganisiertheit und meinem geringen Selbstvertrauen auf: Ich setzte mich unheimlich unter Druck, wollte alles wahnsinnig gut, einfach perfekt machen, weil ich sonst ein schlechtes Gewissen gehabt hätte, denn wäre ich hinter meinen Ansprüchen zurück geblieben, wäre nicht „gut genug" gewesen, hätte mich geschämt – gleichzeitig grauste es mir immer mehr vor dieser Anstrengung, und ich schob alles immer weiter auf."

„Gut ist gut genug!" Haben Sie schon einmal vom „Pareto-Prinzip" gehört? Das lautet so: Um z. B. ein Referat zu schreiben, das zu 80 Prozent „gut" ist, brauchen wir eine bestimmte Zeit. Um es aber „perfekt" zu machen, was bedeuten würde, dass es um 20 Prozent besser wäre, also 100 Prozent perfekt – müssten wir noch einmal 80 Prozent der schon aufgebrachten Energie einsetzen – 80 Prozent Energie für 20 Prozent „mehr" Referat. Das lohnt sich nicht. Denn das Referat war ja schon „gut". Und in der Zeit, die wir für unsere „20 Prozent mehr" aufwenden, könnten wir einen Großteil unserer übrigen Aufgaben erledigt haben. Dieses Prinzip lässt sich auf alles Arbeiten anwenden.

Tipp:
Wenn Sie also wieder einmal eine Aufgabe vor sich haben, hilft es sich zu fragen:

Was sind die *Ziele* dieser Arbeit? Wird nur ein grober Überblick verlangt? Werde ich für kleinere Ungenauigkeiten bestraft werden? Werden nicht sowieso noch Änderungen im Laufe der Zeit auftreten, die die Dinge, die ich jetzt genau ausarbeite, über den Haufen werfen werden?

Auch die Rollen, die wir im Leben einnehmen, wollen viele von uns zu 100 Prozent ausfüllen – die perfekten Partner, Eltern, Gastgeber sein. „Es reicht doch, wenn Sie sich eine ‚Drei' geben können – das zu erreichen ist schon ganz schön anstrengend", sagte einmal ein Erziehungsberater in einem Elternseminar. Und das könnte für jede unserer Rollen gelten! Wenn Sie sich eine „Drei" geben können, dann seien Sie zufrieden. Perfektionisten sind nichts anderes als perfekte Kandidaten für einen Burnout – und dann geht gar nichts mehr, nicht einmal mehr eine „Drei": Also besser rechtzeitig bremsen. Perfektionisten können sich manchmal leider erst dann zurücklehnen, wenn sie es besser als die anderen gemacht haben – nur dann fühlen sie sich auf der sicheren Seite. Wenn Sie so veranlagt sind, dann lassen Sie sich bitte sagen: Gönnen Sie sich ein paar Laxheiten – Sie müssen keine Angst haben, auf einmal zum Schlamper zu werden (Ihre Muster sind so zäh, die verhindern das schon!). Vielleicht hilft es manchmal auch, wenn Sie sich fragen: „Würde ich das, was ich mir selbst gerade abverlange, von anderen erwarten?" Die Antwort lautet meistens: „Eher nicht." Meistens legt man an sich selbst viel strengere Maßstäbe an als an andere. Was aber könnte ein vernünftiger Grund dafür sein, an sich selbst höhere Ansprüche stellen zu müssen? Wir finden keinen – außer man ist davon überzeugt, nur einen Wert zu haben, wenn man besser als die anderen ist.

Die Lösung im Auge behalten

Handeln Sie lösungsorientiert – das bedeutet: Behalten Sie Ihr Ziel vor Augen. Sie sollten wissen: Was will ich wirklich? Was ist mir welchen Einsatz wert? Wie erreiche ich mein Ziel? Gibt es Zwischenziele, die ich auch schon feiern darf, wenn sie erreicht sind?

Wir haben gesehen, dass Menschen, die überfordert sind, unter Zeitdruck stehen oder die müde sind, schneller Fehler machen – für die sie dann u. U. ein schlechtes Gewissen bekommen (vgl. Kapitel 4). Bevor Sie sich morgens blindlings wie ein Lemming ins Getümmel im Büro, der Küche oder sonstwo stürzen, kann es hilfreich sein, sich bewusst zu machen, was an diesem Tag wirklich wichtig ist – und das ist nicht immer das, was ganz dringend daherkommt! Die Zeit, in der Sie Ihre Prioritäten überdenken, ist keine verlorene Zeit – Sie holen sie durch Ihren besseren Überblick locker wieder rein. Setzen Sie Prioritäten bei Ihren Arbeiten – aber nicht nur da. Für Ihr ganzes Leben sollten Sie wissen: Was will ich wirklich? Wo überfordere ich mich?

Glauben Sie einem alten Griechen: Panta rhei – alles fließt!

Nichts bleibt, wie es war – auch wir nicht. In dem Maße, in dem unser Körper ein paar Fältchen, ein paar graue Haare und ein paar Pölsterchen mehr bekommt[2], gewin-

[2] Wissen Sie, wie die Engländer die Pölsterchen um die Hüfte nennen? „Love handles" – „Griffe für die Liebe"! So kann man es auch sehen …

nen wir doch auch an Lebenserfahrung – und das kann etwas sehr Schönes sein. Muss ich ein schlechtes Gewissen haben, wenn mein Körper altert – genau wie der von allen anderen Menschen auch? Ist es mein Lebensziel, mit 60 Jahren noch auszusehen wie mit 30? Nein, sicher nicht – auch wenn es eine riesige Industrie gibt, die uns glauben machen will, dass dies unser Lebensziel sein sollte. Wenn Sie mögen, achten Sie einmal einen Tag lang darauf, wieviel geistige Energie, Zeit und Geld Sie persönlich aufwenden, um diesem Ziel näher zu kommen. Wenn alles im Lot ist – prima! Wenn Sie aber bei jedem Blick in den Spiegel und bei jedem Bissen, den Sie sich in den Mund stecken, ein schlechtes Gewissen haben – dann sollten Sie vielleicht Ihre Prioritäten überprüfen.

Alles fließt – der griechische Philosoph Heraklit hat das schon ca. 500 Jahre vor unserer Zeit festgestellt: Nichts bleibt, wie es ist. Wenn Sie sich aber nun auch nach diesem Prinzip verhalten, indem Sie sich ändern – müssen Sie da ein schlechtes Gewissen haben?

Lassen wir uns von niemandem ein schlechtes Gewissen einreden, der von uns verlangt, dass wir uns dem lebenszyklischen Wachsen, Werden und auch Vergehen entgegenstemmen. Dabei kann es sich um die Veränderungen durch Schwangerschaft oder Geburt handeln, die Loslösung von den Eltern oder den Kindern, das Altern, die Erfahrung von Verlust, aber auch das Wachsen der Lebensweisheit.

Probier's mal mit ... Gelassenheit!

Heidrun, 41 Jahre, verheiratet, zwei Kinder im Alter von 6 und 8 Jahren:

„Seit einem Jahr bin ich wieder berufstätig. Ich freue mich sehr darüber, dass ich meinen Beruf als Grundschullehrerin wieder

ausüben kann, aber: Seither komm' ich einfach nicht mehr richtig rum mit meinen vielen Aufgaben. Wir haben ein großes Haus mit Garten gebaut und mein Mann hat hohe Ansprüche an Sauberkeit und Ordnung – und ich eigentlich auch. Wir wohnen in der Heimatgemeinde meines Mannes, wo man ihn aufgrund seiner vielen ehrenamtlichen Tätigkeiten gut kennt. Eigentlich bräuchte ich eine Putzfrau – ca. drei bis vier Stunden in der Woche wären eine große Entlastung für mich. Aber für meinen Mann kommt das gar nicht in Frage. Und ich denke auch: Was würden nur die Nachbarn oder meine Eltern sagen? Mir wäre das peinlich! Aber so geht's auch nicht weiter. Ich habe auch Angst vor einem Hörsturz oder Ähnlichem vor lauter Stress."

„Was sollen nur die Leute denken!" Wer von uns hat diesen Spruch in Kinder- und Jugendtagen nicht gelegentlich zu hören bekommen. Heidrun hat Angst davor, dass „die Leute" sagen: „Die schafft's wohl nicht mehr!" oder „Na, die kann sich's aber leisten – so gut möchte ich's auch mal haben!"

Was Heidrun bräuchte, wäre mehr Gelassenheit. Dann könnte sie zum einen ihre hohen Ansprüche an Sauberkeit und Ordnung etwas herunterschrauben und sich zum anderen auch sagen: „Wenn die Leute tratschen – na und? Mir ist meine Gesundheit wichtiger! Wessen Leben lebe ich eigentlich – meines oder das der Leute im Ort?" Darüber hinaus könnte sie Verantwortung für den Haushalt an ihren Mann oder ihre Kinder delegieren.

Gelassenheit hat mit Loslassen zu tun: Wir können uns trennen von dem Gefühl für alles und jeden verantwortlich zu sein; jeden Anspruch, den wir selbst oder andere an uns haben, erfüllen zu müssen ... „Der Schuh ist uns zwar ein bisschen zu groß, aber wir stopfen ihn aus und rufen bereitwillig: ‚Passt genau!'" (Oelker 1994, S. 70)

Sortieren Sie „alte Schuhe“ aus! Hat man nicht immer viel zu viele davon – und nur die wenigsten passen richtig? Lassen Sie los, und Sie werden merken: Ohne diesen Ballast lebt es sich viel leichter.[3]

Gelassenheit ist auch im Umgang mit Erfolgen oder Misserfolgen angebracht. Bedeutende Menschen, die man z. B. wegen einer großen Erfindung kennt, haben in den allermeisten Fällen Durststrecken zu überwinden gehabt – aber irgendwann war es soweit, dass sie eine Leistung als Erfolg verbuchen konnten, und alle scheinbaren Misserfolge waren Wegmarken, ohne die sie nicht an ihr Ziel gelangt wären. Sie kennen bestimmt die „Post-its“, diese viereckigen Notizblöcke, die einen dünnen Klebestreifen am oberen Rand haben? Deren Erfinder wollten ursprünglich einen ganz besonders starken Klebstoff herstellen! Als wieder einmal statt eines bombenfesten Kleisters ein eher schwächliches Etwas im Reagenzglas dümpelte, machten sich die Leute einfach auf die Suche nach einem anderen Verwendungszweck für die Substanz – und hatten einen Riesenerfolg! Sie ließen ihre ursprüngliche Erwartung los und schauten einfach, was man mit dem, was sie statt dessen vorfanden, machen konnte.

Ein scheinbarer Misserfolg kränkt uns zunächst – ein Kleber, der nicht klebt; eine verpatzte Prüfung; ein Geschenk, das keinen Anklang findet; ein Witz, den wir machen, über den aber niemand lacht – aber es hilft unserem Selbstwertgefühl wieder auf die Beine, wenn wir uns dann sagen: „Nur die Ruhe! Ich bin nicht die oder der erste, dem so etwas passiert – und es ist bestimmt nicht das

---

[3] Übrigens: Der englische Designer, Schriftsteller und Sozialreformer William Morris (1834 – 1896) vertrat folgende Meinung: „Wir sollten nichts in unseren Häusern haben, von dem wir nicht glauben, dass es entweder schön oder nützlich ist.“ Wäre das nicht ein guter Grundsatz für das Aufräumen von Haus oder Wohnung?

letzte Mal, dass so etwas vorkommt. Was kann ich denn jetzt daraus lernen? Alles hat doch auch sein Gutes – man muss es nur finden wollen."

Ein gelassener Umgang mit den alltäglichen Kränkungen – das ist ein wichtiger Schritt, um das Selbstwertgefühl stabil zu halten. Mit am schwierigsten ist es, das Desinteresse von Mitmenschen aushalten zu können – so etwas kommt ja normalerweise viel häufiger vor als absichtsvolle Kränkungen.

Loslassen können – ganz besonders schwierig wird dies, wenn es sich dabei um einstmals vertraute Menschen handelt, die einem im Moment aber nicht gut tun. Das können Eltern, Freunde, Arbeitskollegen, Nachbarn sein. Viele Menschen haben Schwierigkeiten damit, ein gesundes Selbstwertgefühl zu entwickeln, weil sie anderen Macht über sich geben. Und so wie jede spitze Bemerkung sie verletzt, so ergötzen sie sich lange an jedem noch so kleinen Lob, auf das sie so dringend angewiesen sind. Sie sind nicht bei sich, immer nur bei den anderen. Wie soll man sich da abgrenzen? Wie kann man lernen loszulassen, sich nicht mehr um das eigene Ansehen bei den anderen zu scheren? Auch hier ist es wichtig, mit seinen Aggressionen in Berührung zu kommen. Anselm Grün schreibt: „Die Aggression ist der Impuls, mich vom anderen zu distanzieren, um so bei mir sein zu können. [...] Solange ich von einem anderen Menschen besetzt bin, kann ich kein Selbstwertgefühl entwickeln. Ich werde von anderen gelebt, anstatt selbst zu leben" (Grün 1995, S. 57, 83). Grün spricht davon, dass man manchmal andere erst aus sich hinauswerfen muss, um wieder bei sich sein zu können. Viele Menschen gestatten sich dieses „Hinauswerfen" aber nicht – sie haben ein sehr schlechtes Gewissen dabei, so „untreu" zu werden. Aber „Hinauswerfen" bedeutet ja nicht, dass man nie wieder etwas mit den betreffenden Menschen zu tun haben möchte. Vielleicht kommt ja der Zeitpunkt, an dem eine Beziehung aufgebaut werden kann, die auf Gleichwertigkeit beruht, eine Beziehung, in der Sie sich nicht immer wieder abgewertet fühlen, sondern eine, die das Selbstwertgefühl des jeweils anderen stärkt und erhält – so wie gute Beziehungen eben sein sollen!

Kompetenzen erkennen: „Was kann ich gut? Was macht mir Spaß?"

Einerseits ändern sich unsere Vorlieben und Abneigungen im Laufe des Lebens – andererseits gibt es aber auch eine gewisse Kontinuität. Beispielsweise kann jemand, der als Jugendlicher immer sehr gerne Musik gehört hat, das auch als Erwachsener noch tun – vielleicht haben sich aber seine Vorlieben von Deutschpop in Richtung Weltmusik verschoben.

Das, was uns Spaß macht, ist das meistens auch das, was wir gut können – und umgekehrt! Und etwas gerne zu tun – das ist ein geeignetes Mittel, um unser Selbstwertgefühl in ganz alltäglichen Situationen zu steigern. „War doch leicht!", sagen wir manchmal, wenn wir für etwas gelobt werden, das wir gar nicht als besondere Anstrengung empfunden haben und worauf wir keinen Grund sehen stolz zu sein. In einem solchen Fall sind wir aber „uns selbst" ganz nahe! Im besten Falle haben wir eine Arbeit, die uns Spaß macht. Ist das nicht der Fall, so ist es absolut unverzichtbar, dass wir uns wenigstens in unserer Freizeit Aktivitäten gönnen, die uns ganz bei uns selbst sein lassen – oder mal ganz vorurteilsfrei über einen Arbeitsplatzwechsel nachdenken!

Haben Sie Lust, eine „Freudenbiographie" zu erstellen? Sich auf die Spuren all dessen zu machen, was Ihnen Spaß gemacht hat oder noch Spaß macht – oder Spaß machen könnte? Mit Spaß an einer Sache stellt sich die Kompetenz mit der Zeit meist von ganz alleine ein. Wie wäre es, wenn Sie sich einmal in die Zeit zurück versetzten, als Sie sechs oder neun, zwölf oder fünfzehn Jahre alt waren? Was haben Sie da gerne getan? Gab es ein Fach in der Schule, an dem Sie besondere Freude hatten? Mit wem und bei was haben Sie am Nachmittag die Zeit verbracht? Vielleicht möchten Sie ein altes Fotoalbum hervorholen, um sich besser zurückversetzen zu können. Wenn Ihnen wieder einiges einfällt – Rollschuh laufen, Fahrrad fahren, Fische züchten, lesen, Perlen auffädeln, Muscheln sortieren – was hindert Sie daran, das Gleiche wieder zu tun oder es in verwandelter Form wieder in Ihr Leben zu integrieren?

Sie können sich aber auch im Alltag beobachten: Singen Sie gerne bei der Hausarbeit oder unter der Dusche? Warum gehen Sie nicht in einen Chor? (Doch, das können Sie! Auch singen kann man lernen – eine gute Stimme ist, wie so vieles andere, nichts, das man entweder hat oder nicht.) Bei welcher Gelegenheit kommt Ihnen spontan in den Sinn: „Das würde ich auch gerne können!“? Warum lernen Sie's nicht? Es ist nicht zu spät dazu. Natürlich ist eine glänzende Karriere auf einem Gebiet, das man sich erst in der Lebensmitte oder später zu erschließen beginnt, eher unwahrscheinlich ... aber wir wissen ja jetzt: Es geht nicht darum, der oder die Beste zu sein – es geht darum, etwas aus seinen Gaben und Kompetenzen zu machen und dabei Freude zu empfinden, ein erfülltes, reiches Leben zu leben. Wer so lebt, hat übrigens auch Ausstrahlung, kann andere begeistern und mitreißen und so deren Leben bereichern.

Überlegen Sie doch mal:
Was ist Ihnen schon alles gut gelungen?
Worauf können Sie stolz sein?

Die Fragen beziehen sich keineswegs nur auf die ganz großen Leistungen im Leben. Machen Sie es sich zur Gewohnheit, sich auch für scheinbar nebensächliche Dinge Anerkennung zu zollen – jeden Tag!

„Prima gekocht heute", „Wunderbar mittig eingeparkt!", „Den Hausschlüssel nicht wie sonst so oft vergessen!" ... Kommt Ihnen das albern vor? Aber auch Erwachsene brauchen noch Lob und Anerkennung. Anerkannt zu sein stärkt das Selbstwertgefühl – und wenn Ihnen andere keine Anerkennung für Ihre Leistungen zollen, dann tun Sie's selbst! Gerade Hausfrauen und -männer haben es schwer, was die Anerkennung von außen angeht: „Hausarbeit ist eine Arbeit, die man nur sieht, wenn sie nicht gemacht ist." Ob Vollzeit-Hausfrau (oder Hausmann) oder anderweitig berufstätig: Sie dürfen stolz sein auf das, was Sie tun.

Schöpferische Impulse befriedigen

Ob es uns bewusst ist oder nicht: Jeder Mensch hat ein tiefes Bedürfnis danach, etwas zu bewirken. Wenn wir das Gefühl haben, dass wir nicht umsonst Pläne schmieden, sondern auch etwas davon in die Realität umsetzen können, dann hebt das unser Selbstwertgefühl ganz ungemein. Schon Säuglinge freuen sich, wenn sie merken: Wenn ich lache, lacht Mama zurück. Eine einfache Art, etwas zu bewirken, ist, etwas zu schaffen – etwas, das man nach getaner Arbeit in den Händen halten oder seinen Mitmenschen zeigen kann: „Schaut, was ich gemacht habe!“ An Kindern beobachten wir, wie wichtig das und die damit verbundene Anerkennung ist – und im Prinzip „funktionieren“ wir Erwachsenen auch nicht anders. Wir wollen immer noch etwas Schönes oder Nützliches schaffen und damit als wertvolles Mitglied der menschlichen Gemeinschaft wahrgenommen werden. „Papa, Mama, was habt ihr heute bei der Arbeit gemacht?“ Es wird in unserer hochkomplexen Welt zunehmend schwieriger, Kindern zu erklären, was wir den lieben langen Tag eigentlich „schaffen“. Oft fühlen wir uns selbst nur als kleines Rädchen im großen Getriebe. Im Gegenzug lässt sich beobachten, dass Heimwerker- und Gartenmärkte wie Pilze allerorten aus dem Boden schießen: Bei der Gartenarbeit oder beim Heimwerken entsteht etwas – etwas Schönes oder Nützliches.

Wir sollten darauf achten, dass der schöpferische Impuls, der in jedem von uns steckt, befriedigt wird. Warum malen wir nicht einfach wieder mal ein Bild? Oder töpfern irgendetwas? Bauen ein Vogelhäuschen für den Garten? Besuchen einen Kurs, der uns in die Lage versetzt, einfache Reparaturen am Auto selbst durchzuführen(solche Kurse gibt es auch speziell für Frauen … und kaum etwas bringt so viel Anerkennung ein wie die Fähigkeit, etwas reparieren zu können …)? Schöpferisch und kreativ tätig zu sein schafft Freude und steigert damit das Selbstwertgefühl. Und auch hier gilt: Perfektion muss nicht sein.

„Was denn nun …?“ – Eigene Normen und Werte sind gefragt!

Die Zeiten sind vorbei, in denen der Lebensweg des Einzelnen durch Herkunft und Geschlecht vorgeschrieben war. Und mit der festgefügten Ordnung der Gesellschaft sind aus unserem Leben auch die verbindlichen Verhaltensmaßstäbe weitgehend verschwunden. Natürlich gibt es Wegweiser für moralisches Handeln und ein gedeihliches Miteinander in unserer Gesellschaft: die UN-Menschenrechtscharta, das Grundgesetz … Nur: Sie liefern keine konkreten Handlungsanweisungen und lassen viel Spielraum für Interpretationen.

Der Psychologe Erik H. Erikson, der sich mit der Entwicklung des Menschen über die Lebensspanne hinweg befasst hat, ging noch vor 50 Jahren davon aus, dass Identität aus der Beobachtung von Gleichheit und Kontinuität in der Zeit bei sich und anderen entstehe und dass dieser Prozess mit ca. 18 Jahren, also nach der Pubertät, abgeschlossen sei. Heute sieht das anders aus: Unser Handeln, unsere Identität stehen fast täglich auf dem Prüfstand: Gestern noch geschätztes Mitglied der Firma X., heute arbeitslos, morgen (hoffentlich) Mitglied des Unternehmens Y. Gestern noch verheiratet, zwei Kinder, heute allein erziehend. Eine stabile Identität ist aber notwendig für ein gesundes Selbstwertgefühl – was also tun? Was gibt uns noch Halt in einer sich immer schneller verändernden Welt? Unsere Identität zu finden wird zum lebenslangen Projekt, weil wir uns selbst immer wieder auf eine sich rasch verändernde Außenwelt einstellen müssen. Eine anstrengende Aufgabe!

Sobald wir aber erkennen, woher der Druck kommt, der uns müde macht, können wir die Situation entschärfen. Die Arbeit des „Sondierens", des Herausfindens, was für uns gut und wichtig ist, was unsere eigenen Normen und Werte sind, kann uns niemand abnehmen – dafür kann uns aber auch niemand mehr einreden, dass beispielsweise bestimmte Menschen unsere „Erzfeinde" seien, die wir bis aufs Blut bekämpfen müssten. Es ist einfacher geworden, sich eine Grundlage von Werten und

Normen zu erarbeiten, nach der man authentisch leben kann, die man persönlich vertritt. (Vgl. zum Thema „Authentizität“ auch das in Kapitel 3 Gesagte.)

Werte authentisch zu leben gelingt einfacher, wenn man sich Gleichgesinnte sucht. Die moderne Identitätsforschung geht davon aus, dass es Beziehungen sind, die unsere Identität regeln. Und nichts stabilisiert eine Partnerschaft oder Freundschaft so sehr wie gleiche Werte und Normen. Suchen Sie sich Menschen, mit denen Sie gemeinsam lachen – und wenn's nötig ist, auch weinen – können.

! Inzwischen wissen Sie, dass wir uns Veränderungen zutrauen, wenn die Situation, in der wir stecken, zu belastend wird – wenn beispielsweise das Gefühl des schlechten Gewissens uns auf Dauer zu viel Lebensfreude kostet.

„Bekomme ich genügend Anerkennung für das, was ich leiste? Was will ich wirklich? Was bin ich mir selbst wert – und was bin ich meinen Nächsten wert?“ Diese Fragen sollten Sie jetzt für sich beantwortet haben.

Sie wissen jetzt, dass Sie sich auf Widerstand gefasst machen müssen, wenn Sie sich verändern, und dass Sie genügend Zeit für die Veränderungen einkalkulieren müssen. Aber letztendlich werden Ihre konsequenten Bemühungen Erfolg haben: Wenn Sie sich ändern, ändert sich auch das System, also die Menschen, mit denen Sie leben.

Damit Sie sich und Ihr Problem, das schlechte Gewissen, noch ein bisschen besser kennen lernen, können Sie es „externalisieren“, d.h., Sie stellen es sich vor, wie es aussähe, wenn es als menschliches Wesen neben Ihnen säße. Die neue Perspektive hilft dabei, neue Ideen zu finden, wie Sie sich angesichts Ihres schlechten Gewissens verhalten können.

Ihrem schlechten Gewissen dürfen Sie mit einem anderen Gefühl entgegentreten: Ihrem Selbstwertgefühl. Wenn Sie dem Perfektionismus abschwören, der Sie bislang glauben ließ, alles gut, besser, am besten machen zu müssen, weil Sie sonst ein schlechtes Gewissen hätten, dann haben Sie schon viel gewonnen. Setzen Sie Prioritäten – so kommen Sie seltener in Stress und Druck, der oft bewirkt, dass wir Fehler machen, die wiederum ein schlechtes Gewissen auslösen können.

„Was sollen denn die Leute denken!" Sie dürfen ganz ohne schlechtes Gewissen gelassen auf solche Vorwürfe reagieren, Ansprüche an Sie selbst hinterfragen, herunterschrauben und ein gelassenes Verhältnis zu Misserfolgen aufbauen. Stärken Sie lieber Ihr Selbstwertgefühl, indem Sie – vielleicht mit Hilfe einer Freudenbiografie – herausfinden, was Ihnen Spaß macht! Schöpferisch tätig zu sein, einfache Dinge selbst herzustellen, ist dabei erfahrungsgemäß sehr hilfreich. Vergessen Sie nicht, sich Anerkennung für das, was Sie tun, zu zollen!

Sie wissen, dass es heutzutage nicht einfach ist, eine stabile Identität aufzubauen. Aber wenn Sie sich bewusst machen, dass Sie Ihrem eigenen Urteil, Ihrem Gefühl und Ihrem Verstand vertrauen dürfen bei der Suche nach dem, was Ihnen wichtig ist, dann haben Sie viel gewonnen. Ein gesundes Selbstwertgefühl entsteht auch durch gute Beziehungen – Sie dürfen sich Zeit nehmen, Kontakte zu Gleichgesinnten, zu Freunden zu pflegen.

Kapitel 7

Und jedem Anfang wohnt ein Zauber inne …

„Wir suchen die Wahrheit, finden wollen wir sie aber nur dort, wo sie uns beliebt."

Marie von Ebner-Eschenbach

Wie wirken diese Worte auf Sie? Regt sich in Ihnen Widerspruch, Zustimmung, Skepsis? Schlagen wir noch einmal den Bogen zurück zum Kapitel 3 über Selbstwahrnehmung. Fazit dort war, dass Sie im Grunde nur sich selbst ändern können, dass sich dann aber alles ändern wird. Sie brauchen deshalb einen guten Zugang zu sich selbst. Es geht also immer nur um Sie. „Alles wäre viel besser, wenn sich nur mein Partner/die Kollegen/die Kinder/meine Eltern anders verhalten würden …" – diese Auffassung ist ebenso weit verbreitet wie irrig. Das Einzige, worauf Sie unmittelbaren Einfluss haben, ist Ihr eigenes Verhalten.

Sie haben immer die Wahl! Das gilt auch für einengende, belastende Lebenssituationen. Auch dort gibt es verschiedene Möglichkeiten, sich zu verhalten.

Sie können in Ihrem Problem verharren und jammern, dass das Leben sich ihnen gegenüber so kalt, abweisend und ungerecht zeigt; dass Sie sich solche Mühe geben und keiner es bemerkt. Sie können aber auch aufhören, sich im stillen Kämmerlein zu beklagen, die Türe aufmachen, hinausgehen und sich dem Leben anbieten. Dazu gehört dann jedoch auch, dass *Sie* die Verantwortung für Ihr eigenes Handeln tragen und sich nicht mehr durch die Ansprüche und Forderungen anderer – und Ihr schlechtes Gewissen, wenn Sie diesen Ansprüchen nicht gerecht werden – steuern lassen.

Sie haben die Möglichkeit, die Wirksamkeit Ihres schlechten Gewissens zu steuern, indem Sie bewusst mit ihm kommunizieren. Das geht nur, wenn Sie sich die Mühe gemacht haben, seine Wirkungsweise und seine Absichten zu erkunden und nun wissen, welchen Dienst es Ihnen bisher erweisen wollte.

Ein Schiff schwimmt auch ohne Kapitän. Dann bestimmt eben der Wind die Richtung. Lässt der Kapitän aber zum rechten Zeitpunkt die Segel setzen, ist er in Navigation bewandert, erreicht das Schiff nicht nur Land, sondern den anvisierten sicheren Hafen.

Tipp:
Also nehmen Sie Kontakt auf mit Ihrem Gewissen: „Hallo Gewissen, du arbeitest momentan wieder mit vollem Einsatz. Das ist nicht nötig, denn ich habe keinen Auftrag mehr für dich. Ich danke dir für deine jahrelangen treuen Dienste. Das hat mich zu einer gut funktionierenden Tochter, Mutter, Partnerin und Arbeiterin gemacht oder zu einem perfekt steuerbaren Sohn, Vater, Partner und Arbeiter. Jetzt haben sich die Zeiten leider so verändert, dass ich etwas anderes möchte. Ich werde von nun an bewusst auswählen, was ich für gut und richtig halte und mich nicht mehr widersprüchlichen Erwartungen beugen. Ich brauche dazu nur meine Werte und Normen, aber kein schlechtes Gewissen."

Sie brauchen nicht zu fürchten, dass Sie ohne die Wirkung Ihres schlechten Gewissens ein ruchloser unmoralischer Mensch werden. Sie werden auch weiterhin ein Mensch mit Moral und Anstand, mit Normen und Werten sein, die Ihnen das Leben innerhalb einer Gemeinschaft – in Balance – ermöglicht. Sie wissen, was richtig und falsch ist. Dazu haben Sie Ihren Verstand. Ein schlechtes Gewissen, das Sie aus dem Unterbewussten fernsteuert, ist überflüssig.

Erinnern Sie sich an das Gefühl, sich mit Schwung auf Zehenspitzen um die eigene Achse zu drehen? Sie können das ja einmal versuchen, wenn Sie möchten. Oder Sie springen kurz in die Luft mit hocherhobenen Armen und gratulieren sich zu Ihrer weisen Entscheidung, Ihr schlechtes Gewissen zu verabschieden.

Machen Sie zehn, elf Schritte nach vorne und sagen Sie sich bei jedem Schritt zum Beispiel:

1. Schritt:	„Ich bin wirklich gewachsen!“
2. Schritt:	„Ich kann mir Dinge wünschen!“
3. Schritt:	„Ich mag mich richtig gerne, so wie ich bin!“
4. Schritt:	„Ich kann auf mich selbst achten!“
5. Schritt:	„Ich freue mich auf meine verbleibende Lebenszeit!“
6. Schritt:	„Ich lebe auf jeden Fall mit allen Sinnen!“
7. Schritt:	„Ich kann nehmen und geben und nehmen ...!“
8. Schritt:	„Ich finde Liebe!“
9. Schritt:	„Ich bin wertvoll!“
10. Schritt:	„Ich bin gespannt darauf, was noch kommt!“
11. Schritt:	„Ich glaube an ...!“

Schreiten Sie aus Ihrem Problemzimmer hinaus ins Freie und atmen Sie zum ersten Mal frei tief ein und aus – Sie haben gelernt, bewusst mit Ihrem Gewissen umzugehen. Ihr Gewissen wirkt da, wo Sie es wünschen. Ihr Weg zu mehr Lebensfreude hat begonnen.

Ende gut, alles gut

„In Zukunft werde ich alles, was ich tue,
ohne schlechtes Gewissen tun –
oder ich tue es gar nicht."

Liebe Leserin, lieber Leser,
Sie sind am Ende des Buches angelangt ... und uns bleibt jetzt nur noch, das, was uns am wichtigsten ist, zusammenzufassen:

Um uns von unserem ständig schlechten Gewissen zu befreien, müssen wir uns klar machen, dass es Normen und Regeln aus unserem bisherigen Leben gibt, die manchmal bewusst, oft aber unbewusst in uns wirken. Wir glauben, ihnen gerecht werden zu müssen, weil wir uns sonst als schlechte Menschen fühlen würden.

Wir brauchen zunächst eine bessere Eigenwahrnehmung als bisher, um herauszufinden, welches diese Normen und Werte sein könnten. Wir dürfen uns dabei fragen, zu welchen Dingen in unserem Leben wir schon lange innerlich „Nein!" sagen, sie aber trotzdem tun – aus schlechtem Gewissen heraus.

Auch unsere Gefühle dürfen wir uns ehrlich eingestehen: Unsere Unzufriedenheit, unsere Trauer und vor allem auch unsere Wut. Wut ist gut. Sie zeigt uns, dass etwas nicht stimmt und woran wir arbeiten sollten. Wir müssen kein schlechtes Gewissen haben, weil wir wütend sind.

Manche Bemerkungen treffen uns mitten ins Herz: „Ich war doch immer für dich da!" oder „Wenn du mich lieben würdest, dann ..." Wenn wir zurückfragen: „Was willst du mir wirklich sagen?", haben wir die Chance, uns ehrlich zu den Erwartungen zu äußern, die an uns herangetragen werden.

Es gibt Situationen, in denen wir die Verantwortung für die Gefühle der anderen ablehnen dürfen – wenn diese unrealistische oder widersprüchliche Erwartungen an uns haben, oder wenn sie Reaktionen zeigen, die für uns nicht vorhersehbar waren.

Eigene Fehler dürfen wir uns verzeihen. Und es ist eine große moralische Leistung, wenn wir erkennen, dass auch wir gelegentlich die Strategie, anderen ein schlechtes Gewissen zu machen, anwenden, um unsere Ziele zu erreichen.

Schlechtes Gewissen ist eine Sackgasse. Wir brauchen es nicht, um verantwortungsbewusst mit uns selbst und unseren Mitmenschen umzugehen. Was wir brauchen, sind Werte, die wir für gut und richtig halten. Haben wir einen Fehler gemacht, ist es nicht unser schlechtes Gewissen, das uns hilft, uns zu entschuldigen, sondern die Einsicht, diesen Werten nicht entsprochen zu haben und dafür Verantwortung übernehmen zu wollen. Die Selbstabwertung, die in unserem schlechten Gewissen steckt – „Du bist ein schlechter Mensch und solltest dich schämen!" – führt uns nicht weiter; sie ist nur eine Reaktion, aus der oft genug keine sinnvolle Aktion erfolgt.

Wir können unserem schlechten Gewissen ein anderes Gefühl entgegensetzen: unser Selbstwertgefühl. Es wird gestärkt, wenn wir uns zugestehen, nicht perfekt sein zu müssen, wenn wir mehr Gelassenheit in unser Leben einziehen lassen und wenn wir gute Beziehungen zu Gleichgesinnten pflegen.

Wir dürfen uns selbst so viel wert sein, dass wir uns die Frage gestatten: „Was will ich wirklich in meinem Leben? Was kann ich tun, um ich selbst zu sein?" Wir sollten uns bewusst sein, dass *wir selbst* es sind, die für uns sorgen müssen, unser Leben in die Hand nehmen und es neu gestalten dürfen.

Schluss mit dem schlechten Gewissen – Veränderung ist möglich! Wenn Sie sich ändern, wird sich auch Ihre Umgebung ändern. Nehmen Sie Widerstand in Kauf, auch das ist normal. Wenn Sie aber selbst davon überzeugt sind, dass die Veränderungen, die Sie anstreben, richtig und gut sind, werden Sie auch Erfolg haben.

Falls Sie sich entschließen, daran zu arbeiten, seien Sie geduldig und freundlich zu sich selbst. Tun Sie sich öfter als bisher etwas Gutes und feiern Sie gebührlich Ihre kleinen und großen Erfolge.

Wir freuen uns mit Ihnen und wünschen Ihnen für Ihre Zukunft:

Genuss mit allen Sinnen,
Lust am Leben,
Freude daran, sich selbst nicht aus den Augen zu
verlieren,
Menschen, die sagen: „Du bist okay, wir sind okay!“,
wundersame Begegnungen,
Zugang zu neuen Gedankenwelten
und den Mut, sich selbst und andere immer wieder
neu zu entdecken.

Verena Burgbacher, Carola Eißler

Literatur

Andre, Christophe/Lelord, François, Die Macht der Emotionen und wie sie unseren Alltag bestimmen, Gustav Kiepenheuer Verlag, Leipzig 2002

Carnegie, Dale, Sorge dich nicht – lebe! Bertelsmann-Verlag, Stuttgart 1984

Chopich, Erika J./Paul, Margaret, Aussöhnung mit dem inneren Kind, Econ Ullstein List Verlag, München 2001

Der Brockhaus. Psychologie – Fühlen, Denken und Verhalten verstehen, F. A. Brockhaus GmbH, Leipzig/Mannheim 2001

Dreikurs, Rudolf, Selbstbewusst – die Psychologie eines Lebensgefühls. Horizonte Verlag, Rosenheim, 3. Auflage 1987.

Erikson, Erik H., Identität und Lebenszyklus. Suhrkamp Verlag, Frankfurt/Main 1973.

Fromm, Erich, Psychoanalyse und Religion, München 1990

Fynn, Hallo Mister Gott, hier spricht Anna, S. Fischer Verlag, Frankfurt/Main 1979

Glöckner, Angelika, Frei von falschen Schuldgefühlen, Verlag Herder (Herder Spektrum 5344), Freiburg 2003.

Grönemeyer, Herbert, CD „Mensch“; Grönland und EMI Electrola GmbH & Co. KG

Grün, Anselm, Selbstwert entwickeln – Ohnmacht meistern. Spirituelle Wege zum inneren Raum. Kreuz Verlag, Stuttgart/Zürich 1995

Hark, Helmut, Religiöse Neurosen, Kreuz Verlag, Stuttgart/Zürich 1984

Honecker, Martin, Einführung in die Theologische Ethik, Walter de Gruyter-Verlag, Berlin/New York 1990

Johnson, Spencer, Das Geschenk, Heinrich Hugendubel Verlag, Kreuzlingen/München 2003

Juul, Jesper, Das kompetente Kind. Rowohlt Verlag, Reinbek bei Hamburg, 2. Aufl. 2004

Kast, Verena, Abschied von der Opferrolle – Das eigene Leben leben. Verlag Herder (Herder Spektrum 5374), Freiburg, 8. Auflage 2004.

Kast, Verena, Lebenskrisen werden Lebenschancen – Wendepunkte des Lebens aktiv gestalten. Verlag Herder (Herder Spektrum 5402) Freiburg, 2. Aufl. 2004.

Kast, Verena, Trauern, Kreuz Verlag, Stuttgart/Zürich 1999

Kübler-Ross, Elisabeth, Interviews mit Sterbenden, Kreuz Verlag, Stuttgart/Zürich, 13. Auflage 1980

Kümmel, Friedrich, in: Der evangelische Erzieher, 16. Jg., Morgarten Verlag, Zürich 1964

Lerner, Harriet G., Wohin mit meiner Wut? S. Fischer Verlag GmbH, Frankfurt/Main 1992

Lexikon zur Soziologie, Westdeutscher Verlag, Wiesbaden 1978

Müller, Gabriele, Hoffmann, Kay, Systemisches Coaching, Carl-Auer-Systeme-Verlag, Heidelberg 2002

Mullack, Christa, Und wieder fühle ich mich schuldig. Ursachen und Lösung eines weiblichen Problems, Kreuz Verlag, Stuttgart/Zürich 1993

Murphy, Joseph, Die Macht Ihres Unterbewusstseins, Ariston-Verlag, Genf 1962

Neumann, Eva, Ich bin da anderer Meinung ... Schwierige Gespräche leicht gemacht, Verlag Herder (Herder Spektrum 5346), Freiburg 2003

Nichols, Michael P., Nur keine falsche Scham – Anleitung zur Selbstachtung. Econ Verlag, Düsseldorf 1994

Oelker, Petra, Neue Mütter – Neue Töchter. Von der Kunst, über den eigenen Schatten zu springen. Brigitte-Buch im Mosaik Verlag, München 1994

Peseschkian, Nossrat, Wenn du willst, was du noch nie gehabt hast, dann tu, was du noch nie getan hast. Geschichten und Lebensweisheiten, Verlag Herder (Herder Spektrum 5201), Freiburg, 7. Aufl. 2004

Satir, Virginia u.a., Das Satir-Modell, Junfermann Verlag, Paderborn 2000

Schaible, Ulla, Ehrlich, echt und endlich ich, Brunnen-Verlag, Gießen 2001

Schützenberger, Anne Ancelin, Oh, meine Ahnen!, Carl-Auer-Systeme-Verlag, Heidelberg 2002

Schulz von Thun, Friedemann, Miteinander reden. Bde. 1–3, Rowohlt Taschenbuch Verlag, Reinbek bei Hamburg 2004/2005

Stavemann, Harlich H., Im Gefühlsdschungel – Emotionale Krisen verstehen und bewältigen. Beltz Verlag, Weinheim 2001

White, Michael/Epston, David, Die Zähmung der Monster, Carl-Auer-Systeme-Verlag, Heidelberg 2002

Wlodarek, Eva, Spielregeln des Lebens für mehr Glück und Erfolg. Krüger Verlag, Frankfurt/Main 2001

Wolf, Doris, Wenn Schuldgefühle zur Qual werden, PAL Verlagsgesellschaft, Mannheim 2003

Zimmer, Katharina, Gefühle – unser erster Verstand, Diana Verlag, München/Zürich 1999

Inspiration

Zeit zum Lachen – Zeit zum Weinen
Emotionen, die das Leben intensiver machen
Hrsg. von Ingrid Riedel
Band 5441

Gefühle bestimmen unser Leben. Eine spannende Reise in unser Inneres und ein leidenschaftliches Plädoyer für das Zulassen tiefer Emotionen in einer immer rationaleren Welt.

Luise Reddemann
Eine Reise von 1.000 Meilen beginnt mit dem ersten Schritt
Seelische Kräfte entwickeln und fördern
Band 5448

Auf den ersten Schritt kommt es an: Neue Lebensfreude entdecken – die inneren Heilkräfte aktivieren. Die Autorin gibt hier ihre lange therapeutische Erfahrung weiter.

Eckhart Müller-Timmermann
Ausgebrannt – Wege aus der Burnout-Krise
Band 5539

Energielos – Ideenlos – Ausgebrannt! Es gilt Warnsignale zu erkennen und rechtzeitig gegenzusteuern. Schon kleine Schritte verändern die Situation, bringen neue Energie.

Irmtraud Tarr
Loslassen – die Kunst, die vieles leichter macht
Band 5368

Loslassen, sich von alten Dingen trennen, sich auf das wirklich Wichtige einlassen: das führt zu mehr Gelassenheit.

Christine Morgenroth
Von der Eile, die krank macht, und der Zeit, die heilt
Band 5472

Bleib gesund! Durch Verlangsamung und bewusste Entscheidung zur Gestaltung von Eigen-Zeit. Eine Ermutigung zum Widerstand gegen die inneren Antreiber und zur Bewusstwerdung der eigenen Kräfte.

HERDER spektrum

Kommunikation

Jörg Zittlau

Das Gandhi-Prinzip – die sanfte Art sich durchzusetzen

Band 5554

Erfolg ohne Ellbogeneinsatz, wie geht das? Die Prinzipien des großen Menschheitslehrers Mahatma Gandhi. Mit vielen Beispielen und Tipps aus dem (Arbeits-)alltag.

Peter Weissenfeld

Wege aus der Grübelfalle

Lösungsorientiert denken

Band 5455

Grübelstopp! Mit Atem- und Entspannungstechniken, Zeitmanagement, Kommunikationsübungen, positiven Selbstaffirmationen. Und vor allem Perspektivenwechsel.

Claude Steiner/Gabriele Michel/Hartmut Oberdieck

Die Kunst, sich miteinander wohl zu fühlen

Emotionale Kompetenz in Familie und Partnerschaft

Band 5444

Emotionale Kompetenz – eine hoch entwickelte Fähigkeit: wahrnehmen, verstehen, zuhören, konstruktiv handeln.

Marshall B. Rosenberg

Konflikte lösen durch Gewaltfreie Kommunikation

Ein Gespräch mit Gabriele Seils

Band 5447

Gefühle aussprechen, Bedürfnisse klären, Lösungen finden. Der international bekannte Psychologe zeigt: Gewaltfreie Kommunikation ist möglich.

Simone Pöhlmann/Angela Roethe

Streiten will gelernt sein

Die kleine Schule der fairen Kommunikation

Band 5454

Gedacht ist nicht gesagt. Gesagt ist nicht gehört. Gehört ist nicht verstanden. Verstanden ist nicht einverstanden. Verstanden? Mit dieser Streitschule kann jeder lernen, fair zu streiten.

HERDER spektrum